images

UN

LECTURES FACILES

JEAN-PAUL VALETTE ✦ REBECCA M. VALETTE ✦ MARIE-CLAIRE ANTOINE

 **McDougal Littell**
A HOUGHTON MIFFLIN COMPANY
Evanston, Illinois ✦ Boston ✦ Dallas

TEACHER CONSULTANTS

Susan Arandjelovic
Dobson High School
Mesa, AZ

William Price
Day Junior High School
Newton, MA

T. Jeffrey Richards
Roosevelt High School
Sioux Falls, SD

CREDITS

Front cover: J. M. Truchet/Tony Stone Images, Inc.
The Louvre, Paris, France.

Fridmar Damm/Leo de Wys, Inc.
(left inset) Beach and boats, Martinique.

George Ross
(right inset) Mask from Gabon, Western Africa.

Back cover: J. M. Truchet/Tony Stone Images, Inc.

Printed in the United States of America.

International Standard Book Number: 0-669-43497-3

10 11 12 -CWM- 08 07 06 05 04

Table des Matières

Contes du Monde Francophone

To the Teacher

IMAGES, a series of three readers, helps students acquire better reading skills, expand their vocabulary base, and gain knowledge and understanding of the culture of France and the francophone world. Each *Lecture,* with its accompanying activities and culture notes, is part of a carefully planned progression covering a wide variety of topics and formats to maintain student interest.

General Organization of IMAGES 1

IMAGES 1 contains sixteen high-interest reading selections. Each reading begins with a pre-reading section and is followed by a post-reading section that includes comprehension questions, critical thinking questions, vocabulary, personalized activities, skill-building activities, games, projects, and a culture note. The last two readings, found in the **Contes du monde francophone** section, are longer and more challenging selections of folktales and legends. These readings include additional **Mots utiles** and **Comprenez-vous?** sections. The Answer Key and French-English Vocabulary can be found on pages 132-150. Readings may be presented in class or assigned as homework.

Description of Activities

IMAGES 1 contains a wide variety of pre- and post-reading activities that encourage student participation and provide material for varied learning styles.

Avant de lire

This pre-reading section is comprised of the following:

- **Stratégies de lecture**–Simple hints for developing good reading skills.
- **À vous**–Multiple choice and true/false questions for activating prior knowledge and engaging students in the reading by expressing their personal opinions.
- **Vocabulaire**–Beginning in *Lecture 9,* an additional pre-reading section with new words presented in context.

Après la lecture

This post-reading section provides supplementary instructional materials, comprehension checks, vocabulary presentations, skill-building activities, projects, pair/group activities, open-ended activities, and culture notes, as follows:

- **Avez-vous compris?**–Comprehension questions in short answer, true/false, and multiple-choice formats.
- **Expérience personnelle**–Critical-thinking questions to encourage students to analyze the reading and relate it to their own experiences, using graphic organizers, such as Webs and Venn diagrams.
- **Enrichissez votre vocabulaire**–Additional topical vocabulary, word families, and idiomatic expressions to help students expand the theme of the reading.
- **À votre tour**–Short hands-on or research projects to give students the opportunity to expand their knowledge of the reading and vocabulary material.
- **Expression personnelle**–Pair or group activities using graphic organizers to compare and contrast the cultural information from the reading so that students can relate it to their own cultural experiences.
- **Notes culturelles**–Brief cultural expansion notes that relate to the theme of the reading and expand students' cultural awareness of the French-speaking world.

TEACHING WITH IMAGES 1

To develop good reading habits, encourage students to become active readers. Remind them to use the **Stratégies de lecture** to prepare for each selection. Inference from context, cognate recognition, and noting the similarities of root words will help students to guess the meaning of new words and avoid translation. It is a good idea for students to read each selection at least three times: the first time to obtain a general understanding of the topic, the second time for a closer look at unfamiliar words and expressions, and the third time to assure that the text has been well understood at both the sentence and paragraph level. You might also read selections aloud to the class for additional listening practice, or have students record sections of the readings as part of their oral portfolios.

Encourage students to look carefully at the photographs, drawings, and maps in each section. They will absorb cultural context as they become increasingly familiar with scenes and people across the French-speaking world. You may wish to point out the work of the two well-known French illustrators featured in the text, **Véronique Deiss** and **Jean-Louis Besson**, who provide a light, amusing view of francophone culture that is uniquely French. Their illustrations are an important part of the complete cultural context that underlies the learning experience offered by **IMAGES**.

The goal of **IMAGES 1** is to develop fluency in reading and to build vocabulary through a variety of high-interest topics and activities. Students using **IMAGES 1** will be expanding their communication and culture skills while having fun!

To the Student

One of the best ways to acquire fluency in a new language is through reading. As you read, you learn more new vocabulary and your writing ability also improves.

Remember that you already know some French! Many words are the same or similar in French and English. Look at the material on the next two pages to learn more. Relax and read for the general idea. Try to guess instead of translating each word. Look at the illustrations and use the glosses to help you.

You will probably need to read each selection three times:

- **First reading:** Read for general understanding.
- **Second reading:** Look more carefully at unfamiliar words and expressions.
- **Third reading:** Make sure you've understood the text completely.

Here are a few simple techniques you can use at the beginning of a selection:

1. Read the title of the selection. It may tell you exactly what the subject of the reading is, or it may raise questions that the selection will answer.
2. Use the illustrations to help you guess the subject of the reading.
3. Scan the selection for cognates and familiar words.
4. Look at the vocabulary and glossed words.
5. If there are subheadings, read them carefully to help you anticipate important points in the selection.

The most important point to remember is to enjoy your reading. You'll discover: **«Surprise—vous parlez français!»**

Note: There is a map showing all the countries in the French-speaking world on pages **106–107**. You may wish to use it to locate the countries mentioned in the readings.

Recognizing Cognates

1. Identical cognates are easy to recognize because they are spelled (but not pronounced) the same in both languages.

un piano	*a piano*
un animal	*an animal*
une portion	*a portion*

2. Some cognates are nearly identical, with the exception that in one language they have a double consonant while in the other they have a single consonant.

un appartement	*an apartment*
la littérature	*literature*

3. There are many cognate patterns, that is, regular spelling changes between the two languages that make it easy to identify related words.

Just for fun, look at the box below and see how many of the French words you already know!

le taxi   l'alphabet   le nombre

le steak   la famille   le restaurant

le téléphone   le professeur   la salade

le café   la date   la grand-mère

la conversation   le théâtre   le cousin

This chart shows the main French-English cognate patterns with sample words taken from the reading selections.

FRENCH ENDING	ENGLISH ENDING	EXAMPLES	
VERBS			
-er	—	passer	*to pass*
-er	-e	arriver	*to arrive*
-er	-ate	imiter	*to imitate*
-ier	-y	copier	*to copy*
-ir	-ish	finir	*to finish*
VERBAL ENDINGS			
-é	-ed	inventé	*invented*
-é	-ated	isolé	*isolated*
-ant	-ing	amusant	*amusing*
NOUNS			
—	-e	le désir	*desire*
-e	—	la victime	*victim*
-eur	-er	le skieur	*skier*
-eur	-or	le moteur	*motor*
-re	-er	le centre	*center*
-ie	-y	la pharmacie	*pharmacy*
-ique	-ic	la musique	*music*
-iste	-ist	le biologiste	*biologist*
-oire	-ory	la victoire	*victory*
-té	-ty	la nationalité	*nationality*
ADJECTIVES			
-e	—	riche	*rich*
-ain(e)	-an	mexicain	*Mexican*
-aire	-ary	militaire	*military*
-aire	-ar	populaire	*popular*
-el(le)	-al	réel	*real*
-eux (-euse)	-ous	dangereux	*dangerous*
-ique	-ical	typique	*typical*
-ien(ne)	-ian	canadien	*Canadian*
-iste	-istic	optimiste	*optimistic*
-if (-ive)	-ive	actif	*active*

Le français, c'est facile!

Vous visitez Paris, en France.
Surprise! Vous parlez français!

EXPOSITION SCIENCES et ÉLECTRONIQUE

Le musée du Louvre sur CD Rom
LE PORTABLE

surfez l'internet
Le Modem

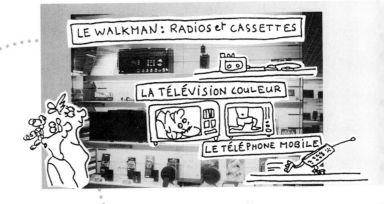

LE WALKMAN : RADIOS et CASSETTES

LA TÉLÉVISION COULEUR

LE TÉLÉPHONE MOBILE

free time   free time   free

free time	free time
le hamburger	15 F
le soda	4 F
le sandwich	12 F
le croissant	5 F
la soupe	10 F

Bienvenue au musée du Louvre

LE CINÉMA

MISSION IMPOSSIBLE
film
d'aventures et d'actions

CINEMA OLYMPIA
6 SALLES

USA

Le français, c'est facile! • **3**

En vacances à Paris, vous désirez un journal. Les titres[1] sont simples, n'est-ce pas?

Slam dunk à la Tour Eiffel
La NBA arrive à Paris pour trois matchs de démonstration

Un astronaute français dans l'espace avec les Américains
Une mission importante pour la coopération entre la France et les USA

La création du parc naturel de l'ouest est un succès pour les écologistes

La visite du Président de la République française à l'Université de Casablanca

SÉNÉGAL	MAROC	MADAGASCAR	RWANDA	ÉDITORIAL: Le désert avance
Dakar: une ville moderne	La révolution électronique	Un animal changeant: le caméléon	L'aide de l'Organisation des Nations Unies	CINÉMA: Festival du Burkina
				SPORT: Les champions de football
page 2	page 3	page 6	page 9	

[1]headlines

AVEZ-VOUS COMPRIS?

Answer the following questions with a word from the *Lecture.*

1. You need information for a research project on «**Le Louvre.**» Where might you search using your computer? (l'_____)
2. You are at the train station. Where do you go to find out about departures and arrivals? (_____)
3. How many exhibition games will the NBA be playing in Paris? (_____)
4. Which university did the president of France visit? (l'_____)
5. Which African country received help from the United Nations? (_____)

EXPÉRIENCE PERSONNELLE

Now you know that many French and English words are the same. Use a Web diagram to list as many words like this as you can.

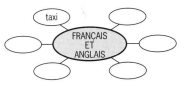

ENRICHISSEZ VOTRE VOCABULAIRE

Cognates are words that have the same meaning in two languages. *Exact cognates* are spelled in the same way.

Compare:

FRENCH	ENGLISH
un piano	a piano
un restaurant	a restaurant

Some other cognates are close but not exactly the same. Can you determine the English equivalents of the following French words?

FRENCH	ENGLISH	FRENCH	ENGLISH
un appartement	?	un docteur	?
un biologiste	?	une guitare électrique	?
une couleur	?	une société	?
canadien	?	supérieur	?

Activité ① ASSOCIATIONS LOGIQUES

The words below are all French cognates of English. Match each item in **Column A** with the associated word from **Column B**. Follow the model.

	A		B
Modèle:	cinéma ⟶		film
1.	sport	a.	statue
2.	électricité	b.	lampe
3.	gouvernement	c.	rap
4.	technologie	d.	danse
5.	musique	e.	lion
6.	profession	f.	basket
7.	sculpture	g.	dentiste
8.	ballet	h.	tarte
9.	animal	i.	CD-ROM
10.	dessert	j.	président

Activité ② VOUS CHERCHEZ?

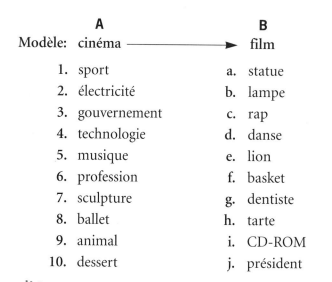

You are visiting a friend in «la Ville Inconnue,» a fictitious French-speaking city. Choose the correct sign to look for in each situation.

1. You are ready to have lunch.
   a. Centre-Ville
   b. Restaurant l'Hélicoptère
   c. Banque Populaire

2. You would like to go shopping for clothes.
   a. Hôpital Bonne Santé
   b. Théâtre de l'Odéon
   c. Boutique Mode

3. There is a special film that you would like to see.
   a. Musée d'Orsay
   b. Cinéma St–André des Arts
   c. Pharmacie de la Croix–Verte

4. It is time to return to your friend's house and it is too far to walk.
   a. Autobus
   b. Café du Nord
   c. École Élémentaire

5. You need to call your friend to say that you will be late.
   a. Garage
   b. Police
   c. Téléphone

3 LES ARTICLES

You are looking at the table of contents of a French magazine. Read the title of each article and decide in which section it would appear: **arts**, **politique**, **sports**, or **écologie**. (You may not understand every word, but you should still be able to choose the appropriate category.)

	arts	politique	sports	écologie
1. Le théâtre Marceau présente un ballet moderne.				
2. Les élections du 8 novembre: vous votez pour le gouvernement du futur.				
3. La pollution est un grand danger pour les océans et la planète.				
4. MC Solaar, le poète du rap français.				
5. Le match superbe des athlètes canadiens.				
6. Une pianiste exceptionnelle visite l'Opéra de Paris.				

4 À VOTRE TOUR

Choose 3 words from the list below and create your own signs.

aéroport	hôtel	silence	parking	fleurs	tennis
police	camping	concert	station-service	supermarché	taxi

5 EXPRESSION PERSONNELLE

Working with a partner, draw two maps of a shopping mall or street and label them in French. (Be sure to choose two different places!) Draw a Venn diagram to compare your two **plans**.

MON PLAN — LE PLAN DE MON/MA PARTENAIRE

1. hôtel   1. ____   1. taxi
2. ____   2. ____   2. ____
3. ____   3. ____   3. ____

LES DEUX PLANS

Note CULTURELLE

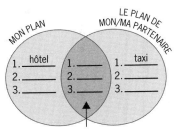

Is this a library? No, it is not! This is an example of a **faux ami** (*false cognate*), which is a French word that looks like an English word but has a different meaning. What is a **librairie?** It is a bookstore. A library is called a **bibliothèque** in French.

BIBLIOTHEQUE NATIONALE

Le français, c'est facile! • **7**

Ils parlent *français!*

On parle français sur tous les continents. Les adolescents interviewés ont des cultures différentes, mais ils ont un point commun: ils parlent français!

STRATÉGIES DE LECTURE

● Skim the reading. You will notice cognates and familiar words. These will give you an idea of what to expect when you read the selection more carefully.

● Make intelligent guesses about unfamiliar words. Use context to help you.

À VOUS

Think about your personal opinion.

Say whether the following sentences are true (**vrai**) or false (**faux**).

 French is spoken in some areas of Canada.

② Cajun culture can be found in all areas of the state of Mississippi.

③ Senegal is an African country.

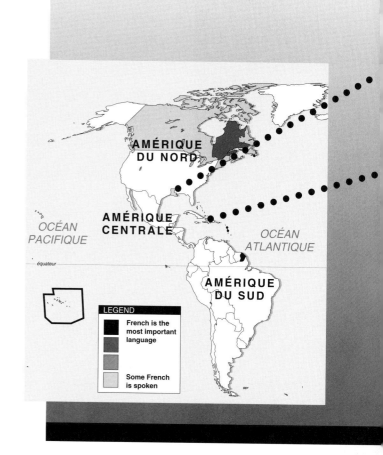

Nom: Daniel Chénier
Âge: 15 ans
Adresse: La Nouvelle-Orléans,
Louisiane (États-Unis)
J'adore: La culture cajun:
la musique du groupe
Beausoleil, le jambalaya
(une recette[1] cajun) et
le Mardi gras
Je déteste: Le golf
Occupations favorites:
Le base-ball, le basket et
la musique
Idéal: Être une star
de zydéco (une musique
cajun)

Nom: Angéline Toussaint
Âge: 16 ans
Adresse: Port-au-Prince, Haïti
(Antilles)
J'adore: Les légendes haïtiennes,
les papayes et l'école
Je déteste: La guerre[2]
Occupations favorites:
Le football! Je suis
une fan totale!
Idéal: Participer au match
de finale de
la Coupe du
Monde de
football!

Nom: Yamina Girou
Âge: 15 ans
Adresse: Saint-Louis,
Sénégal (Afrique)
J'adore: La musique
de Youssou N'Dour,
le marché[3] Sandaga
à Dakar et la plage[4]
de Saint-Louis
Je déteste: Les films
violents et les sitcoms
à la télévision
Occupations favorites:
Le shopping, la cuisine,
la lecture
Idéal: Être médecin

Nom: Ha Van Kiet
Âge: 20 ans
Adresse: Hanoï, Viêt-nam (Asie)
J'adore: Le Viêt-nam!
Le weekend, je rends visite[5]
à ma famille dans la baie
d'Along. Je pique-nique sur
la plage. C'est super!
Je déteste: La pollution
**Occupations
favorites:** La
bicyclette et
la photographie
Idéal: Faire[6] un
film sur le Viêt-nam

ASIE

EUROPE

OCÉAN
PACIFIQUE

AFRIQUE

OCÉAN
INDIEN

OCÉAN
ATLANTIQUE

AUSTRALIE

[1] recipe   [2] war   [3] market   [4] beach   [5] visit   [6] to make

...Maurice Richard
...ans
...e: Montréal,
...c (Canada)
...e: Le ski, le hockey,
...inateurs[1] et
...ce-fiction
...este: L'inaction
...ations favorites:
...les jeux[2]
...et surfer
...nternet

...opper
...ogramme
...nternet

Nom: Émilie Duchesne
Âge: 14 ans
Adresse: Strasbourg, Alsace (France)
J'adore: Les maths et le théâtre
Je déteste: Les hamburgers
Occupations favorites: Le théâtre et les rollers[3]
Idéal: Être une star de théâtre

Nom: Mélissa Lassort
Âge: 12 ans
Adresse: Cayenne, G...
française (Amérique du Sud)
J'adore: La forêt amazonienne de la G...
les animaux, danser la biguine et le mer...
Je déteste: Le centr... spatial[4] de Kourou... (la nature est en d...
Occupations favo... La danse et la nat...
Idéal: La création... parc na...

AMÉRIQUE DU NORD

EUROPE

OCÉAN ATLANTIQUE

AMÉRIQUE CENTRALE

AFRIQUE

AMÉRIQUE DU SUD

OCÉAN ATLANTIQUE

LEGEND

French is the most important language

Some French is spoken

[1]computers   [2]games   [3]in-line skates   [4]space

AVEZ-VOUS COMPRIS?

1. What does Angéline Toussaint hope to do one day?
2. Who doesn't like television sitcoms?
3. What does Maurice Richard enjoy?
4. Where does Mélissa Lassorte live?

EXPÉRIENCE PERSONNELLE

Work with a partner. Using the reading selection as a model, find out your partner's name, age, address, likes/dislikes, and future goals. Record your partner's answers and be prepared to present him/her to the class. Your partner should do the same for you. When you are finished, use a Venn diagram to compare your results.

MOI   MON/MA PARTENAIRE

1. 14 ans   1. _____   1. 15 ans
2. _____   2. _____   2. _____
3. _____   3. _____   3. _____

NOUS DEUX

You may use the following questions:

- Comment t'appelles-tu?
- Quel âge as-tu?
- Quelle est ton adresse?
- Qu'est-ce que tu adores/détestes?
- Quelles sont tes occupations favorites?
- Quel est ton idéal?

ENRICHISSEZ VOTRE VOCABULAIRE

la lecture

les rollers

la cuisine

la pêche

la voile

la natation

1 LES LOISIRS

What do these young French-speaking people like to do in their spare time? Fill in the crossword puzzle (**mots croisés**) with the correct French words.

HORIZONTALEMENT

2. Mon ami aime bien voir les films. Il va souvent au _____ .
3. Nous aimons la neige et le sport. Le _____ ,
   c'est notre (our) sport préféré.
4. Sylvie aime faire des photos. Elle adore la _____ .
5. Bernard et Delphine adorent manger. Ils préparent
   souvent les repas (meals) et les desserts. Ils aiment faire
   la _____ .

VERTICALEMENT

1. David adore les livres. Il aime la _____ .
3. Anne aime visiter les boutiques et les magasins.
   Elle adore le _____ .

2 LES NATIONALITÉS

Look at each illustration. Can you match each one with the appropriate nationality?

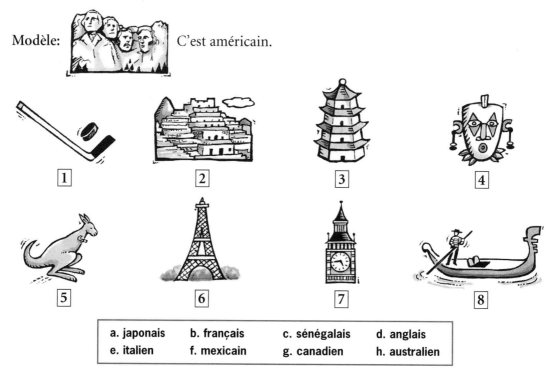

Modèle: C'est américain.

| a. japonais | b. français | c. sénégalais | d. anglais |
| e. italien | f. mexicain | g. canadien | h. australien |

Activité 3 LES PAYS (COUNTRIES)

Many country names in French are similar to the adjectives of nationality that you used in Activity 2. Match the adjectives with the correct country.

a. l'Allemagne	**b.** le Canada	**c.** le Mexique	**d.** l'Italie
e. la Chine	**f.** la Martinique	**g.** Haïti	**h.** le Sénégal

1. canadien	2. italien	3. haïtien	4. martiniquais
5. sénégalais	6. allemand	7. mexicain	8. chinois

Activité 4 À VOTRE TOUR

Find out about the French-speaking countries listed using the Internet, an encyclopedia, or other resources. In particular, look for:

la France	**le Canada**
le Viêt-nam	**Haïti**
le Sénégal	**la Suisse**

- the colors of the country's flag
- the name of a regional specialty
- the name of a monument or site located in that country
- the name of a popular sport played in that country

Activité 5 EXPRESSION PERSONNELLE

There are many places in the world where French is spoken! Using either the Internet or a pen pal exchange program, find out about a real person who speaks French. Write about your friend.

Il/Elle s'appelle...
Il/Elle est...
Il/Elle habite à...
Sa famille est...
Il/Elle va à l'école à...
Il/Elle aime...
Il/Elle déteste...

Note CULTURELLE

Many Haitian painters are self-taught and use vivid colors. The Centre d'Art in Port-au-Prince, Haiti, was established in the 1940s by an American artist and teacher, Dewitt Peters. Hector Hyppolite, considered to be the father of Haitian art, painted with chicken feathers until Peters supplied him with brushes. The Centre d'Art has enabled Haitian artists to become more widely recognized and to have a place in which to flourish.

STRATÉGIES DE LECTURE

● A young French student is telling you something about his life. What do you think it is?

● Look at the pictures and charts. Read the captions that accompany them.

À VOUS

Think about your personal opinion.

Say whether the following sentences are true (**vrai**) or false (**faux**).

❶ Some French students go to school on Saturdays.

❷ **La rentrée** is the French term for "back to school."

❸ **Un collège** in France is a university.

❹ French students often participate in many after-school activities and have part-time jobs.

LECTURE 3

«Bonjour! Je m'appelle Sylvain Rolles. J'ai quatorze ans. Je suis élève au collège de Seclin. C'est une petite ville du nord[1] de la France. Je suis en classe de quatrième.[2] Attention: le collège est différent en France! C'est l'école avant le lycée.[3] »

«Je suis au collège le lundi, le mardi, le jeudi, le vendredi et le samedi. Le mercredi, je vais au Poney-club avec ma soeur, Camille. J'ai 32 heures de cours par semaine et des devoirs[4] tous les jours, même le weekend. C'est beaucoup! Le midi, je mange à l'école avec mes camarades. »

Sylvain Rolles, collégien

---

[1] north   [2] fourth (= 8th grade)   [3] high school   [4] homework

Mon emploi du temps

≪Je suis délégué de classe. C'est une responsabilité importante. J'assure la communication entre[1] les professeurs et les élèves. ≫

Mes camarades

COLLÈGE PUBLIC

92

À la bibliothèque!

≪Voici mon emploi du temps.[2] Mes cours préférés sont l'anglais, l'histoire et la physique. Pouvez-vous deviner mon jour préféré?! ≫

Heures	LUNDI	MARDI	JEUDI	VENDREDI	SAMEDI
8:30 9:20	Latin	Maths	Français	Latin	Technologie
9:25 10:20	Allemand	Français	Allemand	Allemand	Technologie
10:35 11:30	Géographie	Français	Histoire	Sport	Sciences
11:35 12:30	Maths	Bibliothèque	Physique	Maths	Anglais
13:30 14:20	Anglais	Latin	Maths	Sport	
14:25 15:20	Musique	Sport	Histoire	Éducation civique	
15:35 16:30	Chimie	Sport	Anglais	Français	

[1]between [2]schedule

AVEZ-VOUS COMPRIS?

1. Where does Sylvain go with his sister on Wednesdays?
2. What special position does Sylvain hold in his class?
3. What class does Sylvain have last on Mondays?
4. When do you suppose Sylvain eats lunch?

EXPÉRIENCE PERSONNELLE

You have now learned about a typical French student's school schedule. Compare your own schedule. Are there many differences? Which ones? What is similar? Use a Venn diagram to organize your findings.

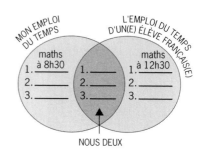

MON EMPLOI DU TEMPS

L'EMPLOI DU TEMPS D'UN(E) ÉLÈVE FRANÇAIS(E)

maths à 8h30
1. _____
2. _____
3. _____

1. _____
2. _____
3. _____

maths à 12h30
1. _____
2. _____
3. _____

NOUS DEUX

ENRICHISSEZ VOTRE VOCABULAIRE

Les personnes (f.)

le proviseur *principal*
le conseiller/la conseillère d'orientation
  guidance counselor
le professeur *teacher*
l'élève *(m./f.)* *student*
le/la bibliothécaire *librarian*

Les lieux (m.)

la cantine *cafeteria*
la salle de classe *classroom*
la salle de sport *gymnasium*
la cour *yard*
la bibliothèque *library*

Les langues (f.)

le français *French*
l'allemand *(m.) German*
le latin *Latin*
l'anglais *(m.) English*
l'espagnol *(m.) Spanish*
le chinois *Chinese*
le russe *Russian*

Les sciences (f.)

la physique *physics*
la chimie *chemistry*
l'électronique *(f.) electronics*
l'informatique *(f.) computer science*
les mathématiques *(f.) mathematics*
la mécanique *mechanical engineering*
la biologie *biology*

Les sciences sociales (f.)

l'histoire *(f.) history*
la géographie *geography*
l'économie *(f.) economics*
le journalisme *journalism*

Les arts (m.)

le dessin *drawing*
la musique *music*
les arts graphiques *graphic arts*

1 LE JOURNAL SCOLAIRE

Imagine that Sylvain is your pen pal. He wants to write an article about you in his school newspaper. Complete the questionnaire he sent you.

1. Mon école s'appelle _____.

2. À l'école, je suis en classe de _____ *(which grade)*.

3. Mes trois matières préférées sont _____, _____ et _____.

4. En général, je commence les cours à _____ heures.
   Je finis les cours à _____ heures.

5. Aujourd'hui, j'ai un cours de _____ et de _____.

6. J'ai une classe de français le _____ à _____ heures.

7. Au total, j'ai _____ heures de cours par semaine.

8. Mon jour préféré est le _____ parce que (qu') _____.

2 LES MATIÈRES

Shown below are items associated with certain school subjects. The French name of the appropriate subject fits in the blanks provided. Arrange the five letters with squares around them to complete the sentence at the end of the puzzle.

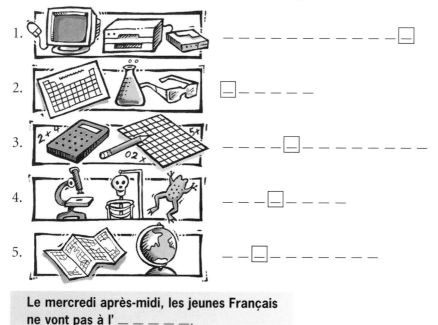

1. – – – – – – – – – – ☐

2. ☐ – – – – –

3. – – – ☐ – – – – –

4. – – ☐ – – –

5. – – ☐ – – – – –

Le mercredi après-midi, les jeunes Français
ne vont pas à l' _ _ _ _ _.

3 LA RENTRÉE

You are an exchange student in France. It is the first day of school and you have a lot to do. Answer the following questions with a word from the **ENRICHISSEZ VOTRE VOCABULAIRE** section.

1. You need help changing your class schedule. Whom might you go see to get advice?
2. You are listening to works by Debussy, Beethoven, and Chopin. Which class is this?
3. It is noontime and you are very hungry. Where do you go to eat your lunch?
4. After lunch you have gym class. Where should you go?
5. You have to do a research project after school. Where might you go to get some information?

4 À VOTRE TOUR

Make a copy of your own class schedule. If you went to school in France, what would your day look like? Use the vocabulary you have learned in this *Lecture* to fill out your own school schedule in French. If you have a French-speaking pen pal, send a copy of your schedule and compare.

5 EXPRESSION PERSONNELLE

Brainstorm as many French words as possible relating to school and school life. Illustrate your work. Your class may want to share the finished projects with other classes so that everyone can learn **un peu de français!**

Note CULTURELLE

Instead of going to junior high and high school, French students go to **collège** and **lycée.** Look at the chart to see how French grade levels are different. Which grade would you be in if you were a student in France?

LES CLASSES EN FRANCE		ÂGE
Collège		
sixième	6^e	11 ans
cinquième	5^e	12 ans
quatrième	4^e	13 ans
troisième	3^e	14 ans
Lycée		
seconde	2nde	15 ans
première	1ère	16 ans
terminale		17 ans

Lettre de Martinique

STRATÉGIES DE LECTURE

• Look at the title, the pictures, and any other clues outside the main text to get an idea of what the reading is about.

• Try to picture what you are reading rather than translating from French to English.

À VOUS

Think about your personal opinion.

Say whether the following sentences are true **(vrai)** or false **(faux).**

1 Martinique is a French island.

2 The weather in Martinique tends to be very cold.

3 Bananas are a very plentiful fruit in Martinique.

AMÉRIQUE DU NORD

La Martinique

AMÉRIQUE CENTRALE

AMÉRIQUE DU SUD

En Martinique

Chers amis,

Mon nom est Caroline Clément. J'ai seize ans et j'habite à Fort-de-France, en Martinique. Je suis grande. J'ai les cheveux[1] noirs et les yeux marron.[2] J'ai un frère. Il a vingt ans et il s'appelle Théo. Il étudie la médecine. Je n'ai pas de soeur. J'aime le sport et la musique. J'adore mon pays.

La Martinique est une île tropicale des Antilles. Tout est beau ici! Les plantes tropicales, les fleurs... Il y a des plantations de canne à sucre[3] et de bananes. Il existe 12 variétés de bananes en Martinique! Il y a aussi des papayes, des noix de coco et des caï mites (une sorte de kiwi). Les touristes visitent les musées, les ruines, les montagnes. Ils visitent aussi la Montagne Pelée, un volcan actif.

La semaine, j'étudie au lycée. Je suis en première L. C'est la section littéraire. Après l'université, je désire être professeur d'anglais. Le weekend, je joue au tennis ou au badminton. J'aime aussi nager. Les plages sont superbes.

Mes amis et moi, nous aimons organiser des boums. Nous mangeons des sandwichs et nous discutons. Nous écoutons du zouk. C'est une musique antillaise très rythmée, idéale pour danser. Mon groupe favori est Kassav. Il est composé de musiciens martiniquais et guadeloupéens. Mes amis et moi, nous aimons l'Internet. C'est cool, n'est-ce pas?

Cet été, je travaille dans un fast-food. Je désire visiter les États-Unis, alors j'économise mon salaire. C'est l'heure d'aller à l'école. Je termine ma lettre! Bisous,[4]

Caroline

Caroline Clément

[1]hair   [2]brown   [3]sugarcane   [4]kisses

Courrier Électronique

Vous trouvez un nouveau site sur l'Internet pour les jeunes francophones (les jeunes qui parlent français). Ces jeunes désirent correspondre avec d'autres cultures. Avec qui désirez-vous correspondre? Pourquoi?

Internet, téléphone ou lettre...j'adore communiquer!
Je désire des correspondants enthousiastes pour discuter,
échanger des informations, former une grande famille
électronique!
André Péchain, 14 ans (Fort-de-France)

*   *   *

Bonjour!
Je suis Mona Haddad. J'habite au Liban.
J'ai 13 ans. J'aime les sports et le cinéma.
Je désire un(e) correspondant(e) américain(e).

*   *   *

Moi: Kevin Marks, 17 ans
J'habite: Bruxelles
J'aime: le rock, le basket, les jeux vidéo
Je déteste: le ski, les brocolis
Mon projet: visiter les États-Unis.
Tu m'invites?

*   *   *

Allô! Je suis une jeune Française (15 ans). Je désire
correspondre avec des jeunes du monde[1] entier. J'adore
dessiner, nager et écouter de la musique. J'ai une
immense collection de CDs. Laisse[2] un message.
Martine Petitjean (Paris)

[1]world   [2]leave

Avez-vous compris?

There is one mistake in each of the following sentences. Based on the reading, change each sentence so that it is correct.

1. Caroline Clément étudie au collège.
2. Il existe 12 variétés de papayes en Martinique.
3. Kevin Marks n'aime pas le basket.
4. André Péchain habite en France.

Expérience personnelle

You have just read about the life of a student from Martinique. Using a chart like the one below, decide whether each statement is true (**vrai**) or false (**faux**) for Caroline Clément and for yourself.

1. J'organise des boums.
2. J'aime le sport.
3. Je désire être professeur de français.
4. L'été, je travaille dans un fast-food.
5. J'ai une soeur.
6. J'ai les yeux marron.
7. Je désire visiter le Mexique.
8. Je déteste nager.
9. J'écoute de la musique zouk.
10. J'ai deux frères.

	CAROLINE		MOI	
	vrai	faux	vrai	faux
1.	☐	☐	☐	☐
2.	☐	☐	☐	☐
3.	☐	☐	☐	☐
4.	☐	☐	☐	☐
5.	☐	☐	☐	☐
6.	☐	☐	☐	☐
7.	☐	☐	☐	☐
8.	☐	☐	☐	☐
9.	☐	☐	☐	☐
10.	☐	☐	☐	☐

Enrichissez votre vocabulaire

Qu'est-ce que vous aimez faire? Voici des activités.

Le sport

gagner *to win*
jouer (au tennis...) *to play (tennis...)*
marcher *to walk*
nager *to swim*
patiner *to skate*
skier *to ski*

Les arts

chanter *to sing*
danser *to dance*
dessiner *to draw*
écouter (une cassette) *to listen to (a tape)*
filmer *to film*
photographier *to take pictures*

À l'école

étudier *to study*
préparer (la leçon) *to prepare (the lesson)*
répéter *to repeat*
travailler *to work*

À la maison

cuisiner *to cook*
discuter *to discuss*
regarder (la télévision) *to watch (TV)*
téléphoner *to phone*

À l'ordinateur

cliquer (la souris) *to click (the mouse)*
envoyer (du courrier électronique) *to send (e-mail)*
imprimer (un document) *to print (a document)*
surfer (sur l'Internet) *to surf (the Internet)*
taper (sur le clavier) *to type (on the keyboard)*

❶ LA LETTRE DE MARK

Your friend Mark is writing a letter to Jacqueline, his
new French-speaking pen pal. Mark asks you to help
him with his French by choosing the right verb for
each of the sentences below. Fill in the blanks with
the correct verb form.

skier	gagner
patiner	envoyer
étudier	jouer
surfer	préparer

Chère Jacqueline,
Bonjour! Je m'appelle Mark et je suis ton nouveau correspondant.
J'ai 14 ans et j'ai deux soeurs. J'aime bien le sport. Le weekend, je __1__
au football avec mes copains. Nous __2__ souvent nos matchs. Quand
il neige, je vais à la montagne avec ma famille et nous __3__. J'adore
la neige! Ma petite soeur, Christine, __4__ sur le lac gelé. Et toi,
est-ce que tu aimes le sport?
   À l'école, je (j') __5__ beaucoup. Le soir, je __6__ mes leçons. J'ai
un ordinateur à la maison. Souvent, mes soeurs et moi, nous __7__
sur l'Internet. Nous __8__ du courrier électronique à nos amis qui ont
un ordinateur. Écris-moi vite! Au revoir!   Amitiés, Mark

❷ QU'EST-CE QU'ILS FONT?

What are the following people doing? Look at the drawings below.
Complete the sentences with the correct verb that best describes what
you see. Refer back to the ENRICHISSEZ VOTRE VOCABULAIRE section for help.

1. Les copains ____ la Tour Eiffel.

2. Les filles et les garçons ____.

3. Philippe ____.

4. Nous ____ au tennis.

5. M. et Mme Bègue ____.

6. Vous ____ la télévision.

3 SONDAGE

Complete the following poll, then compare
your responses with a friend.

1. En été, je préfère…
   - a. nager
   - b. jouer au tennis
   - c. regarder la télé
   - d. ??

2. En général, après mes devoirs, j'aime…
   - a. jouer au basket
   - b. écouter de la musique
   - c. discuter avec des amis
   - d. ??

3. Si j'étais *(were)* en Martinique, je mangerais *(would eat)*…
   - a. des papayes
   - b. des bananes
   - c. des noix de coco
   - d. ??

4. Je désire avoir un(e) correspondant(e)…
   - a. au Canada
   - b. en Australie
   - c. en France
   - d. ??

5. Je n'aime pas beaucoup…
   - a. danser
   - b. dessiner
   - c. cuisiner
   - d. ??

4 ET VOUS?

Imagine that your new pen pal has asked you the following
questions about what you do. Answer each question with
a complete sentence beginning with either **oui** or **non**.
N'oubliez pas! Be sure to use the negative words **ne...pas** if you
answer with **non**.

1. Est-ce que vous jouez au foot?
2. Vous regardez la télé après le dîner?
3. Le matin, est-ce que vous écoutez la radio?
4. Quand il fait chaud, est-ce que vous nagez à la piscine? Où?
5. Étudiez-vous le weekend?
6. Est-ce que vous aimez cuisiner pour votre famille?
7. Envoyez-vous du courrier électronique à vos amis?
8. Est-ce que vous marchez pour aller à l'école?

 **À VOTRE TOUR**

You have decided to answer an ad from a French-speaking teenager looking for a pen pal. What kinds of things will you tell about yourself in your first letter to him or her? You should probably include your name, age, nationality, likes and dislikes—**en français, bien sûr!** Afterwards, use the Internet to try to find some websites that offer e-mail pen pal exchanges.

6 EXPRESSION PERSONNELLE

When you introduce yourself, what kinds of things do you say? What do you like to tell people about yourself? Use a flowchart to describe what you usually say to someone you meet.

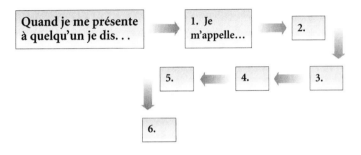

Quand je me présente à quelqu'un je dis. . .	➡	1. Je m'appelle…	➡	2.

5.	⬅	4.	⬅	3.

6.

Note **CULTURELLE**

Have you ever made a replica of an erupting volcano for a science project? Well, the real thing happened in Martinique back in 1902. The 30,000 inhabitants of St. Pierre perished when Mt. Pelée sent forth its volcanic ash and gasses in a blazing eruption. Temperatures were higher than 1300° F, and the river of smouldering lava moved at over 60 m.p.h. There were only two survivors: a man outside St. Pierre and a prisoner in a dungeon awaiting execution for murder charges.

STRATÉGIES DE LECTURE

- Parcourez (scan) le texte à la recherche d'adjectifs de personnalité semblables à l'anglais.

- Relisez le texte s'il y a des mots que vous ne comprenez pas.

À VOUS

Donnez votre opinion personnelle.

1 Il y a des…qui symbolisent les années dans le calendrier lunaire.
   a. légumes
   b. animaux
   c. personnes

2 Le Viêt-nam est…
   a. un pays où l'on parle français
   b. en France
   c. une ville près de New York

3 Le calendrier lunaire est basé sur les cycles …
   a. de la terre
   b. de la lune
   c. du soleil

LECTURE 5

BONNE ANNÉE!

En France ou aux États-Unis, la nouvelle année commence le premier janvier, mais certains pays francophones ont des calendriers différents. C'est pourquoi au Viêt-nam la nouvelle année commence en février!

En France et aux États-Unis, on utilise un calendrier solaire. La division de l'année est basée sur les cycles du soleil.[1] Par conséquent, les mois ont 30 ou 31 jours. Au Viêt-nam et dans beaucoup de pays d'Asie, on utilise un calendrier lunaire, basé sur les cycles de la lune.[2] Les mois sont plus courts: ils ont 29 ou 30 jours. C'est pourquoi la date du nouvel an est différente.

[1]sun [2]moon

Au Viêt-nam, on utilise le calendrier lunaire pour déterminer la date des fêtes. La nouvelle année est célébrée entre le 21 janvier et le 19 février. C'est l'occasion d'une grande fête appelée Têt. Les festivités durent[1] trois jours. Il y a des danses traditionnelles (danse du lion, danse du dragon), des pétards,[2] de bonnes choses à manger. C'est aussi l'occasion d'une grande réunion de famille.

[1]last   [2]firecrackers

On se prépare pour le nouvel an au Viêt-nam. Bonne année à tous! ▼

▲ On fête la nouvelle année aux Champs-Élysées, à Paris.

Dans le calendrier lunaire, douze animaux symbolisent les années.
Une personnalité particulière correspond à chaque animal.
Le cycle se répète[1] tous les douze ans. Lisez la liste. Quel animal
symbolise votre année de naissance?[2] Quel animal symbolise
l'année où nous sommes? Aimez-vous cet animal? Est-ce que vous
pouvez penser à d'autres pays qui utilisent un calendrier lunaire?

DANS LE CALENDRIER LUNAIRE...

ANNÉE	ANIMAL	SYMBOLIQUEMENT, CET ANIMAL EST...
1961 1973 1985 1997	Le Buffle	*patient, travailleur, stable*
1962 1974 1986 1998	Le Tigre	*courageux, fort, indocile*
1963 1975 1987 1999	Le Chat	*gentil, timide, indépendant*
1964 1976 1988 2000	Le Dragon	*passionné, dominateur, énergique*
1965 1977 1989 2001	Le Serpent	*rusé, calme, volontaire[3]*
1966 1978 1990 2002	Le Cheval	*fier, sociable, enthousiaste*
1967 1979 1991 2003	La Chèvre	*délicate, capricieuse, aventureuse*
1968 1980 1992 2004	Le Singe	*intelligent, habile,[4] moqueur[5]*
1969 1981 1993 2005	Le Coq	*vaniteux,[6] agressif, ingénieux*
1970 1982 1994 2006	Le Chien	*loyal, modeste, généreux*
1971 1983 1995 2007	Le Cochon	*aimable, indulgent, honnête*
1972 1984 1996 2008	Le Rat	*créatif, flexible, ambitieux*

[1]repeats itself [2]birth [3]strong-willed [4]crafty [5]mocking [6]vain

Avez-vous compris?

1. Quel est le nom de la fête vietnamienne qui célèbre le nouvel an?
2. Combien d'animaux symbolisent les années du calendrier lunaire?
3. Quels sont les traits de caractère d'une personne née l'année du dragon?
4. Imaginez que vous êtes né(e) en 1985. Quels sont vos traits de caractère selon le calendrier lunaire?

Expérience personnelle

Maintenant, vous connaissez quelques traditions de la nouvelle année au Viêt-nam. En utilisant un diagramme Venn, faites une comparaison entre cette fête au Viêt-nam et aux États-Unis.

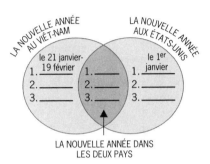

Enrichissez votre vocabulaire

Voici des expressions du nouvel an.

Bonne année! *Happy New Year!*
la Saint-Sylvestre *New Year's Eve*
souhaiter une/la bonne année à quelqu'un *to wish somebody a happy New Year*
la résolution du nouvel an *New Year's resolution*

Quelle sorte de personnalité avez-vous? Et vos ami(e)s? Quels sont vos qualités et vos défauts?

doux ≠ **agressif**	*gentle* ≠ *aggressive*	**douce** ≠ **agressive**
fier ≠ **modeste**	*proud* ≠ *modest*	**fière** ≠ **modeste**
généreux ≠ **avare**	*generous* ≠ *miserly*	**généreuse** ≠ **avare**
gentil ≠ **méchant**	*kind* ≠ *mean*	**gentille** ≠ **méchante**
honnête ≠ **malhonnête**	*honest* ≠ *dishonest*	**honnête** ≠ **malhonnête**
indulgent ≠ **cruel**	*indulgent, lenient* ≠ *cruel*	**indulgente** ≠ **cruelle**
intelligent ≠ **stupide**	*smart* ≠ *stupid*	**intelligente** ≠ **stupide**
patient ≠ **impatient**	*patient* ≠ *impatient*	**patiente** ≠ **impatiente**
sage ≠ **fou**	*wise, sensible* ≠ *silly, crazy*	**sage** ≠ **folle**
sympathique ≠ **désagréable**	*friendly, nice* ≠ *unpleasant*	**sympathique** ≠ **désagréable**
travailleur ≠ **paresseux**	*hardworking* ≠ *lazy*	**travailleuse** ≠ **paresseuse**
irréprochable ≠ **pas parfait**	*faultless* ≠ *imperfect*	**irréprochable** ≠ **pas parfaite**

Activité 1 QUI SUIS-JE?

Donnez le nom de l'animal du calendrier lunaire qui correspond
à la description.

1. Je suis gentil, timide et indépendant.

2. Je suis calme, volontaire et rusé.

3. Je suis aventureuse, délicate et capricieuse.

4. Je suis créatif, flexible et ambitieux.

5. Je suis stable, travailleur et patient.

Activité 2 TEST DE PERSONNALITÉ

Êtes-vous dragon ou chat? Répondez oui ou non à chaque question
selon votre réaction personnelle. Puis comptez le nombre de oui
et de non et lisez le paragraphe correspondant. Avez-vous une
majorité de **oui** ou de **non**?

	Oui	Non
1. Dans un groupe vous êtes souvent le leader.	☐	☐
2. Vous êtes très fier/fière.	☐	☐
3. Vous avez besoin *(need)* de l'admiration des autres.	☐	☐
4. Vous détestez travailler seul(e) *(alone)*.	☐	☐
5. Vous préférez l'agitation au calme.	☐	☐
6. Vous préférez les sports d'équipe *(team)* aux sports individuels.	☐	☐
7. Vous trouvez *(find)* le calme et le silence ennuyeux *(boring)*.	☐	☐

Résultats

Majorité de oui: Vous êtes du type dragon. Vous êtes
d'une nature passionnée. Vous avez toujours *(always)*
beaucoup d'énergie. Vous adorez l'action et les sports d'équipe.
Mais attention, vous avez une petite tendance à dominer
la conversation!

Majorité de non: Vous êtes du type chat. Vous êtes réservé(e),
calme et vous aimez la paix *(peace)*. Vous avez un caractère
indépendant et vous préférez travailler seul(e). Vous êtes
peut-être *(perhaps)* timide.

3 LES PERSONNALITÉS

Donnez au moins trois adjectifs pour bien décrire chaque personnage. (**Note:** Vous pouvez utiliser les adjectifs du texte et du vocabulaire des pages 30 et 31.)

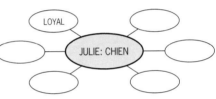

1. **Moi**
2. **Le président des États-Unis**
3. **Mon meilleur ami/ Ma meilleure amie**
4. **Michael Jordan**
5. **Homer Simpson**
6. **Alanis Morissette**

4 À VOTRE TOUR

En groupe, choisissez un animal différent du calendrier lunaire. Faites une liste des personnes célèbres nées dans l'année de votre animal. Assemblez votre liste avec les autres de la classe pour faire un «calendrier des célébrités.»

5 EXPRESSION PERSONNELLE

Renseignez-vous *(find out about)* sur l'année de naissance d'un membre de votre famille ou d'un copain (d'une copine). Écrivez son prénom et l'animal qui symbolise l'année de sa naissance. Référez-vous à la liste d'adjectifs à la page 30. Dans un diagramme, écrivez ces traits dans les cercles autour *(around)* du prénom. Est-ce que ces traits sont justes?

LOYAL

JULIE: CHIEN

Note CULTURELLE

Êtes-vous explorateur ou exploratrice? Imaginez une baie avec plus de mille îles en pierre *(stone)* qui sortent de l'eau en formations dramatiques. Parmi *(among)* les îles il y a plein de cavernes qu'on peut explorer. Ça existe au nord de Hanoï, la capitale du Viêt-nam, dans la baie d'Along. La plus remarquable de ces cavernes s'appelle Dau Go. Cette caverne est remplie de stalagmites et stalagtites qui ressemblent aux oiseaux et aux animaux! Les Vietnamiens la considèrent comme une merveille du monde.

UN JEU: TROUVEZ L'INTRUS!

STRATÉGIES DE LECTURE

- Vous allez jouer à un jeu. Lisez les instructions deux fois pour bien comprendre le jeu.

- À l'aide des photos, devinez la signification de chaque question.

À VOUS

Donnez votre opinion personnelle.

1 Le base-ball est un sport d'origine...

  a. suisse
  b. belge
  c. américaine

2 Bruxelles est une ville en...

  a. France
  b. Belgique
  c. Suisse

3 La Guadeloupe est une île...

  a. canadienne
  b. américaine
  c. française

Connaissez-vous[1] bien la France, ses produits, sa géographie, ses traditions...? Lisez les questions et les cinq réponses qui suivent. Quatre réponses sont correctes, une réponse est fausse. C'est l'intrus! Amusez-vous bien et... trouvez l'intrus!

1

Voici cinq succès technologiques. Lequel[2] n'est pas français?

a) la station spatiale Mir
b) le train à grande vitesse (T.G.V.)
c) l'avion supersonique Concorde
d) le tunnel sous la Manche
e) la fusée[3] Ariane

2

Voici cinq villes. Une ville n'est pas en France:

a) Orléans
b) Lille
c) Strasbourg
d) Dijon
e) Bruxelles

3

Voici cinq sports. Lequel ne dérive pas d'un sport français?

a) le tennis
b) la pétanque
c) le cyclisme
d) le base-ball
e) la course automobile

4

Voici cinq îles. Une île n'est pas française:

a) la Réunion
b) Tahiti
c) Guam
d) la Guadeloupe
e) Wallis et Futuna

[1](do you) know   [2]which one   [3]rocket

5

Voici cinq fromages.
Un fromage n'est pas
un produit français:

a) le camembert
b) le gouda
c) le brie
d) la vache qui rit
e) le boursin

6

Voici cinq jeux. Lequel
n'existait pas[1] en France
au Moyen Âge?

a) les échecs[2]
b) les cartes
c) Donjons et Dragons®
d) les jeux de dés[3]
e) la loterie

7

Voici cinq pays. Un pays
n'a pas de frontière
commune avec la France:

a) le Portugal
b) l'Allemagne
c) le Luxembourg
d) la Suisse
e) l'Italie

8

Voici cinq spécialités.
Une spécialité n'est
pas française:

a) la soupe à l'oignon
b) le foie gras
c) le cassoulet
d) la fondue
e) la quiche

9

Voici cinq inventions.
Laquelle[4] n'est pas la
création d'un Français?

a) le cinéma
b) l'alphabet Braille
c) la pasteurisation
d) le stéthoscope
e) l'avion

10

Voici cinq fêtes. Laquelle
n'est pas célébrée en
France?

a) Noël
b) la fête du travail
c) le 4 juillet
d) le 1er janvier
e) la Saint-Valentin

[1] didn't exist   [2] chess   [3] dice   [4] which one

Voici les intrus!

1 (a) La station spatiale Mir est russe. Le T.G.V. a une vitesse maximale de 167 miles par heure.

2 (e) Bruxelles est la capitale de la Belgique, un pays francophone au nord de la France.

3 (d) Le base-ball est une invention américaine. On joue le premier match à Hoboken, New Jersey, le 23 septembre 1845. La première course automobile a lieu[1] le 22 juillet 1894 en France, entre Paris et Rouen. Il y a cinq voitures à pétrole et deux voitures à vapeur.[2] La voiture la plus rapide a une vitesse moyenne[3] de 11 miles par heure! La pétanque est un jeu de boules.

4 (c) Guam est un territoire des États-Unis, situé à l'est des Philippines. Wallis et Futuna sont des territoires français en Polynésie.

5 (b) Le gouda est un fromage de Hollande.

6 (c) Donjons et Dragons® est un jeu de rôle moderne, inventé en 1973.

7 (a) Le Portugal est situé à l'ouest de l'Espagne.

8 (d) La fondue est un plat au fromage d'origine suisse.

9 (e) L'avion est une invention américaine. Les frères Wright ont réalisé le premier vol le 17 décembre 1903 à Kitty Hawk, Caroline du Nord.

10 (c) Le 4 juillet est la fête de l'indépendance aux États-Unis. La fête nationale française est célébrée le 14 juillet. Elle commémore le début de la Révolution française de 1789.

[1] takes place   [2] steam   [3] average

AVEZ-VOUS COMPRIS?

1. Le gouda est un fromage de…
   a. Hollande   b. Belgique   c. France

2. La première course automobile a lieu le 22 juillet 1894 en France, entre…
   a. Lyon et Paris   b. Paris et Lille   c. Paris et Rouen

3. Le T.G.V. a une vitesse maximale de…miles par heure.
   a. 125   b. 167   c. 182

4. L'alphabet Braille est l'invention d'un…
   a. Américain   b. Français   c. Italien

EXPÉRIENCE PERSONNELLE

Maintenant, vous connaissez quelques produits et quelques sports français. En utilisant deux diagrammes, comparez les sports et produits français et américains.

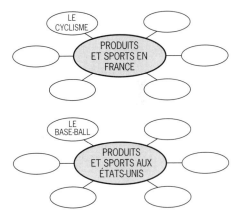

ENRICHISSEZ VOTRE VOCABULAIRE

Les jeux

jouer *to play*   **lancer (les dés)** *to roll (the dice)*
gagner *to win*
perdre *to lose*

Les jeux vidéo *video games*

la console *game system*   **l'écran** (m.) *screen*
la cartouche *cartridge*   **la manette** *joystick*

Les jeux de société *board games*

le Monopoly® *Monopoly*   **le dé** *die*
le Scrabble® *Scrabble*   **le point** *point*
le Pictionary® *Pictionary*   **le damier** *checkerboard*
les échecs *chess*
le pion *piece, pawn*

Les cartes *playing cards*

le roi *king*   **le carreau** *diamond*
la dame *queen*   **le pique** *spade*
le valet *jack*   **le trèfle** *club*
l'as (m.) *ace*   **le coeur** *heart*

Les jeux de hasard *games of chance*

le loto *lotto*   **le bingo** *bingo*
le billet *ticket*   **le gros lot** *jackpot*
la loterie *lottery*   **le numéro** *number*

Les jeux d'arcade *arcade games*

le flipper *pinball machine*
le baby-foot *table-top soccer*
le simulateur de vol *flight simulator*

① LE MOTS CROISÉS

Utilisez les mots du texte et du vocabulaire pour finir les phrases
suivantes et compléter le mots croisés.

HORIZONTALEMENT

1. _____ est célébré le 25 décembre.
3. Quand on joue au Monopoly® on lance les _____.
5. On dessine quand on joue au _____.

VERTICALEMENT

1. Pour gagner au loto, il faut avoir le bon _____.
2. La fête de l'indépendance américaine est le quatre _____.
4. Le bingo est un jeu de _____.

② VRAI OU FAUX?

Lisez les phrases suivantes. Dites si elles sont vraies ou fausses.
Si la phrase est fausse, corrigez-la.

1. Le stéthoscope est une invention belge.

2. La fondue est une spécialité suisse.

3. Wallis et Futuna sont des territoires français.

4. Les frères américains Smith sont les inventeurs de l'avion.

5. Le carreau et le coeur sont des cartes rouges.

6. Le flipper est un jeu d'arcade.

③ QUE SUIS-JE?

Est-ce que vous pouvez *(can)* identifier le jeu?

1. Avec moi, vous achetez *(buy)* des hôtels et des avenues de la ville
   d'Atlantic City. Je suis le _____.

2. Nous sommes rouges ou noires. Nous sommes décorées avec des nombres
   ou des personnes. Nous sommes 52. Nous sommes les _____.

3. Je suis très moderne et très populaire. Avec moi, vous avez
   une manette, un écran et une cartouche. Je suis le _____.

4. Je suis un petit cube avec six faces et des points. Je suis le _____.

4 À VOTRE TOUR

Répondez aux questions suivantes. Puis comparez vos réponses.

1. Quel est votre jeu vidéo préféré?
2. Quel est votre jeu d'arcade préféré?
3. Quel est votre jeu de société préféré?
4. Avec qui jouez-vous?
5. Combien d'heures par jour jouez-vous en général?
6. Préférez-vous jouer à un jeu ou regarder la télévision?

5 EXPRESSION PERSONNELLE

Imaginez que vous êtes inventeur ou inventrice. Vous inventez quelque chose d'original. Utilisez un diagramme pour mettre vos idées en ordre. D'abord *(first)*, complétez les phrases à droite:

Mon invention s'appelle ___
C'est une invention qui ___
Ça marche *(works)* ___
J'ai besoin de ___
Beaucoup de gens vont aimer mon invention parce que ___

Pour faire mon invention… → 1. → 2. → 3.

Note CULTURELLE

Les Français adorent le fromage, même les enfants! **La vache qui rit** est un fromage très populaire parmi *(among)* les enfants français. Il existe plus de 400 variétés de fromage en France. Il y a des magasins spécialisés appelés les **fromageries**. Un repas français se termine souvent avec du fromage à la place du dessert.

STRATÉGIES DE LECTURE

• Parcourez le texte et regardez les illustrations. Devinez le sujet du texte.

• Lisez les expressions. Identifiez les mots semblables à l'anglais.

À VOUS

Donnez votre opinion personnelle.

1 Vous dites «Bon voyage!» à quelqu'un qui...

    a. prend des vacances
    b. va au restaurant
    c. est malade

2 Vous dites «Bon appétit!» à quelqu'un qui...

    a. va danser
    b. va manger
    c. va regarder la télévision

3 Vous dites «Bienvenue!» à quelqu'un qui...

    a. va au cinéma
    b. arrive à la gare
    c. va dîner

LECTURE 7

Qu'est-ce que vous dites?

Imaginez... C'est l'été et vous visitez la France. Vous êtes chez vos amis et le téléphone sonne.[1] Vous désirez répondre parce que personne n'est à la maison. Qu'est-ce que vous dites?

Vous êtes à une boum pour votre soeur qui a 11 ans aujourd'hui. Qu'est-ce que vous dites?

Pour répondre à ces questions, lisez ces scènes!

[1] rings

Vous désirez téléphoner en France. Que dire? Les expressions données dans ces conversations vont vous aider.

[1]take

ALLÔ?

Vous téléphonez aux renseignements[1] pour demander un numéro de téléphone.

a. - Allô? Ici l'opératrice, bonjour.
 - *Oui, je voudrais le numéro de téléphone de Paul Henri, s'il vous plaît.*

b. - Oui, dans quelle ville habite-t-il?
 - *À Libercourt, dans le département du Pas-de-Calais.*

c. - Comment épelez-vous son nom?
 - *P-A-U-L, H-E-N-R-I.*

d. - Ne quittez pas.[2] (Quelques instants plus tard) Le numéro est le 03.21.55.55.00.
 - *Merci beaucoup.*

DRING DRING

2

Vous téléphonez à votre amie, Sophie, mais vous composez le mauvais numéro.

a. - Allô?
 - *Oui, est-ce que c'est la maison de Sophie?*

b. - Ah non, monsieur, pas du tout.
 - *Pardonnez-moi, c'est une erreur.*

c. - Ce n'est pas grave. Quel numéro essayez-vous de joindre?[3]
 - *Le 02.54.55.00.00.*

d. - Ah, mais vous avez composé le 02.54.56.00.00.
 - *Eh bien, excusez-moi. Au revoir, madame.*

e. - Au revoir, monsieur.

3

Vous téléphonez à votre correspondante, mais vous obtenez le répondeur.[4] Vous décidez de laisser un message.

a. - Bonjour! Ici Sophie Wattel. Je ne suis pas chez moi pour l'instant, mais si vous laissez un message avec votre nom, votre numéro de téléphone et l'heure de votre appel, je vous rappellerai[5] dès que possible. Merci.

b. - *Bonjour Sophie, ici Steven Kahn. Il est quatre heures de l'après-midi et je veux te donner l'heure d'arrivée de mon avion samedi prochain. Mon numéro est le 212-555-5508. Rappelle-moi bientôt. Au revoir.*

[1] information [2] Please hold. [3] to reach
[4] answering machine [5] will call back

AVEZ-VOUS COMPRIS?

Utilisez le texte pour trouver la réponse correcte.

1. Votre copine a 15 ans aujourd'hui. Qu'est-ce que vous dites?
   a. Pardon!   b. Atchoum!   c. Joyeux anniversaire!

2. Votre cousin va partir en vacances en Espagne. Qu'est-ce que vous dites?
   a. Au secours!   b. Bon voyage!   c. Bienvenue!

3. Vous marchez dans la rue avec un ami. Il ne regarde pas avant de traverser *(cross)*. Qu'est-ce que vous dites?
   a. Bon appétit!   b. Attention!   c. C'est à qui le tour?

4. Vous téléphonez à votre ami Michel. Il n'est pas là. Qu'est-ce que vous dites à la personne qui répond?
   a. Rappelle-moi bientôt.   b. Est-ce que je peux laisser un message?   c. Ne quittez pas.

EXPÉRIENCE PERSONNELLE

Pensez à une conversation téléphonique typique avec un(e) camarade de classe. En général, de quoi est-ce que vous parlez? Maintenant, imaginez que vous parlez à Sylvie, une jeune Française. Lisez ses questions et donnez vos réponses sur une autre feuille de papier.

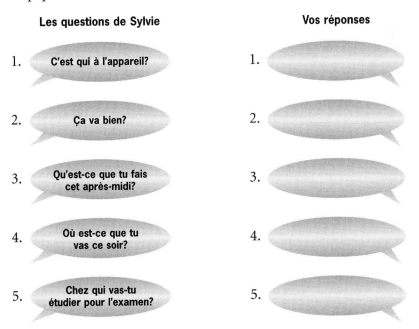

Les questions de Sylvie

1. C'est qui à l'appareil?
2. Ça va bien?
3. Qu'est-ce que tu fais cet après-midi?
4. Où est-ce que tu vas ce soir?
5. Chez qui vas-tu étudier pour l'examen?

Vos réponses

1.
2.
3.
4.
5.

ENRICHISSEZ VOTRE VOCABULAIRE

Les faux-amis

Comme vous avez appris *(learned)* dans la LECTURE 1, certains mots français sont semblables à l'anglais. Par exemple: le taxi, l'hôtel, l'ambulance, le restaurant, la rose, le piano, le dentiste.

D'autres mots français ressemblent aux mots anglais, mais ils n'ont pas la même signification. En voici une liste. Quelle est la signification du même mot en anglais? Comprenez-vous pourquoi on appelle ces mots français des «faux-amis?»

MOT FRANÇAIS	SIGNIFICATION	MOT FRANÇAIS	SIGNIFICATION
la casserole	*pan*	**le patron**	*boss*
la cave	*cellar*	**la prune**	*plum*
le client	*customer*	**le raisin**	*grape*
la lecture	*reading*	**le regard**	*look*
la malice	*mischief*	**le stage**	*training course*

Ces mots anglais sont utilisés en français, mais leur signification est très différente!

le football	= *soccer*	**le smoking**	= *tuxedo*
la nurse	= *nanny*	**le standing**	= *social status*

Enfin, ces mots sont *similaires* en français et en anglais, mais *uniquement en apparence!*

FRANÇAIS	ANGLAIS	ANGLAIS	FRANÇAIS
assister (à)	*to attend*	*to assist*	**aider**
blesser	*to wound, injure*	*to bless*	**bénir**
crier	*to scream*	*to cry*	**pleurer**
injurier	*to insult*	*to injure*	**blesser**
le banc	*bench*	*bank*	**la banque**
le hasard	*chance*	*hazard*	**le danger**
la journée	*day*	*journey*	**le voyage**
le laboureur	*ploughman*	*laborer*	**le travailleur**
la librairie	*bookstore*	*library*	**la bibliothèque**

1 LE BON MOT

Utilisez les mots suggérés pour compléter les phrases suivantes. Attention! Un mot de la liste n'est pas utilisé.

bibliothèque	librairie
client	patron
football	standing
journée	stage
lecture	

1. Je vais à la _____ pour acheter des livres et à la _____ pour emprunter *(to borrow)* des livres.

2. Aujourd'hui j'ai cours de huit heures du matin à cinq heures de l'après-midi. La _____ va être longue.

3. La _____ est un passe-temps agréable et souvent instructif.

4. Le _____ de ma mère est généreux: il lui paie un _____ pour apprendre à utiliser le programme Photoshop.

5. Savez-vous que le _____ est un sport populaire partout dans le monde?

6. M. et Mme Lamarck sont millionnaires. Ils ont un _____ très élevé.

2 UNE CONVERSATION MÉLANGÉE

Steven téléphone à son amie, Sophie, mais elle n'est pas là. Mettez la conversation entre Steven et la soeur de Sophie dans le bon ordre. Commencez par «Allô.»

- Je m'appelle Steven Kahn.

- Au revoir, monsieur.

- Oui, bien sûr. Qui est à l'appareil?

- Oui, bonjour. Est-ce que Sophie est là, s'il vous plaît?

- Et votre message?

- Allô?

- Merci, mademoiselle. Au revoir.

- Très bien. Je vais lui donner votre message.

- Je peux laisser un message pour elle?

- Non, elle n'est pas là.

- S'il vous plaît, dites-lui que j'arrive en France la semaine prochaine.

③ POURQUOI?

Lisez chaque phrase ci-dessous et choisissez la situation qui correspond le mieux.

1. Monsieur Abraham dit: «Merci beaucoup.»

   a. Il répond au téléphone.
   b. Il accepte un cadeau *(gift).*
   c. Il va manger.

2. Lucas Montclair dit: «Allô? Oui, je voudrais réserver une chambre, s'il vous plaît.»

   a. Il téléphone à un hôtel en France.
   b. Il est fatigué.
   c. Il est à l'aéroport.

3. Alix dit: «Enchantée.»

   a. On lui présente une star de cinéma.
   b. Elle chante.
   c. Elle a une maladie.

4. Pourquoi Tran est-il nerveux quand il entend le dentiste dire: «À qui le tour?»

   a. Parce que cela veut dire qu'il a beaucoup de problèmes.
   b. Parce que le dentiste n'est pas content.
   c. Parce qu'il est le prochain *(next)* patient.

5. Esther demande: «Qui est là?»

   a. Elle répond au téléphone.
   b. Elle entend frapper *(to knock)* à la porte.
   c. Elle présente son ami à ses parents.

6. Kader dit: «Ça fait combien?»

   a. Il veut savoir *(to know)* qui paie.
   b. Il veut savoir quel temps *(weather)* il fait.
   c. Il veut savoir le prix de sa salade au café.

4 À VOTRE TOUR

Choisissez un des deux dialogues et préparez-le avec
un(e) partenaire.

1. Vous téléphonez aux renseignements en France pour demander
   le numéro de téléphone du parc Euro Disney à Marne-la-Vallée,
   près de Paris.
   Rôles: l'opérateur/opératrice, vous

2. Vous téléphonez à un ami et c'est sa mère qui répond. Votre ami
   n'est pas à la maison. Laissez un message pour votre ami.
   Rôles: la mère, vous

Vous pouvez utiliser ces expressions dans vos dialogues:

• Allô?	• Quel est le message?
• Qui est à l'appareil?	• Au revoir.
• Ne quittez pas.	• Merci, madame.
• Je peux prendre/laisser un message?	(monsieur, mademoiselle).

5 EXPRESSION PERSONNELLE

Choisissez une expression du texte.
Utilisez un diagramme et écrivez
toutes les occasions où vous utilisez
cette expression. Puis illustrez une de
ces occasions. Si vous n'aimez pas
dessiner, utilisez les photos d'un magazine.

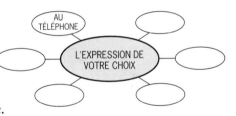

Note CULTURELLE

Est-ce que vous avez une collection de timbres *(stamps)*,
de pièces *(coins)* ou de cartes de base-ball? Beaucoup
de Français ont des collections assez larges
de télécartes! Les télécartes sont utilisées dans
les téléphones publics en France. Ce sont aussi
des publicités pour beaucoup de produits, comme
le fromage, l'eau minérale ou même les voitures.
Il existe de petits magasins où on ne vend que *(sells only)* des télécartes.
C'est un passe-temps populaire pour beaucoup de jeunes Français.

STRATÉGIES DE LECTURE

● Regardez attentivement toutes les illustrations.

● Aux pages suivantes, parcourez chaque paragraphe pour trouver les informations utiles.

À VOUS

Donnez votre opinion personnelle.

1 La Tour Eiffel se trouve à…

   a. Lyon
   b. Nice
   c. Paris

2 Les Canadiens de Montréal sont une équipe de…

   a. hockey
   b. football
   c. base-ball

3 La Maison-Blanche se trouve à…

   a. New York
   b. Washington, D.C.
   c. Philadelphie

4 La Statue de la Liberté est un cadeau *(gift)* de…

   a. l'Espagne
   b. l'Italie
   c. la France

Qui suis-je?

Ces huit illustrations représentent des objets ou des événements. Ils ont un point commun: ils sont tous d'origine francophone. Pouvez-vous deviner ce que représente chaque illustration?

1

2

3

BABAR
à New York

PAR
L. DE BRUNHOFF

4

GRANDS ALBUMS HACHETTE

5

6

SPORT
Le match a...

7

8

Maintenant, tournez la page et lisez le texte.
Faites correspondre chaque illustration
avec la description appropriée. ⟶

A

Je suis grande et élégante. Je mesure 984 pieds de haut.[1] J'ai un squelette en fer.[2] Je suis née en 1889, date de l'Exposition universelle de Paris. Je suis maintenant le symbole de cette ville. J'ai trois étages, une antenne de radio et de télévision et un bon restaurant. Les touristes ont toujours envie de me voir. Et vous? Est-ce que vous me trouvez intéressante? Je suis le numéro _____.

B

Je suis le roi des éléphants. J'ai un costume vert et une couronne[3] sur la tête. Un jour, je décide d'habiter à Paris. Maintenant, ma famille et moi, nous avons beaucoup d'aventures! Je suis la création d'un dessinateur français appelé Jean de Brunhoff. Je suis le numéro _____.

C

Je suis un sport très populaire au Canada. Je suis né dans ce pays dans les années 1870 avant de venir aux États-Unis. Mon ancêtre est le bandy, un jeu inventé par les Indiens Hurons de l'Ontario. Pour jouer, vous avez besoin d'une crosse et d'un palet.[4] Je suis le numéro _____.

D

Moi, je suis une invention belge. En 1840, Antoine Joseph Sax a vingt-six ans. Sa profession est de faire des instruments de musique. Cette année-là, il invente un nouvel instrument. C'est moi! Aujourd'hui, j'ai ma place dans tous les orchestres. Je suis aussi l'un des instruments préférés des musiciens de jazz. Je suis le numéro _____.

[1] high   [2] iron   [3] crown   [4] puck

J'habite une petite île de New York. Je suis un cadeau de la France aux États-Unis. Mon créateur est le sculpteur français Frédéric-Auguste Bartholdi. On pense que je ressemble à sa mère! J'ai une petite soeur à Paris. Je suis le symbole de la liberté et ma torche illumine le monde.
Je suis le numéro _____.

Ma Coupe du Monde est une compétition internationale très importante. En 1994, elle a lieu aux États-Unis. Plus d'un milliard[1] de personnes regardent les matchs de finale à la télé. Je suis un sport extrêmement populaire en France, en Afrique, en Haïti, en Amérique latine... Avez-vous un ballon rond? Oui? Alors, organisons un match!
Je suis le numéro _____.

Moi, je suis une ville des États-Unis très importante. Je suis le centre du gouvernement américain. J'ai la réputation d'être une jolie ville. J'ai de grandes avenues et des monuments historiques superbes. Je suis le résultat des plans d'un architecte français, Pierre Charles L'Enfant.
Je suis le numéro _____.

Nous sommes un événement sportif international. Nous sommes une ancienne tradition grecque. Nous sommes organisés à Athènes et nous avons un grand succès. C'est un Français, Henri Didon, qui invente notre devise:[2] «plus vite, plus haut, plus fort.» En 1996, nous organisons nos compétitions à Atlanta, en Géorgie.
Nous sommes le numéro _____.

[1] billion   [2] motto

Réponses: A:8, B:3, C:6, D:1, E:4, F:7, G:5, H:2

Avez-vous compris?

Choisissez la bonne réponse selon le texte.

1. La Tour Eiffel a _____ étages.
   a. deux
   b. trois
   c. quatre

2. Il faut une crosse et un _____ pour jouer au hockey.
   a. bandy
   b. palet
   c. jeu

3. Jean de Brunhoff est le créateur _____.
   a. de Babar
   b. du saxophone
   c. de la Statue de la Liberté

4. Babar est le roi des _____.
   a. hippopotames
   b. éléphants
   c. kangourous

Expérience personnelle

Dans ce texte, vous apprenez à parler d'un objet ou d'une personne avec des adjectifs. Choisissez une personne dans la classe et regardez bien ses vêtements et ses objets personnels. Utilisant un diagramme, décrivez cette personne en parlant de ce qu'elle porte et de ce qu'elle possède. Écrivez un adjectif et un nom dans chaque carré.

Enrichissez votre vocabulaire

Les familles de mots

Si vous connaissez un mot français, vous pouvez comprendre d'autres mots qui y sont apparentés *(related)*. Voici une liste d'exemples. Connaissez-vous d'autres mots apparentés?

correspondre	la correspondance	le correspondant/la correspondante
créer	la création	le créateur/la créatrice
dessiner	le dessin	le dessinateur/la dessinatrice
habiter	l'habitation (f.)	l'habitant/l'habitante
inventer	l'invention (f.)	l'inventeur/l'inventrice
inviter	l'invitation (f.)	l'invité/l'invitée
jouer	le jeu	le joueur/la joueuse
organiser	l'organisation (f.)	l'organisateur/l'organisatrice

1 LES MOTS APPARENTÉS

Complétez les phrases suivantes avec un mot approprié
d'**ENRICHISSEZ VOTRE VOCABULAIRE**.

1. Les frères Wright ont réalisé le premier vol le 17 décembre 1903
   à Kitty Hawk, Caroline du Nord. Ils sont les _____ de l'aviation.

2. Robert va organiser une soirée. Il téléphone aux copains qu'il
   désire _____.

3. Les architectes doivent apprendre le _____ à l'université.

4. Carol gagne toujours ses matchs de tennis. C'est vraiment
   une bonne _____.

5. Isabelle écrit souvent à ses amis aux États-Unis. Elle aime
   bien _____.

2 LE JEU DES ERREURS

Il y a une erreur dans chaque phrase.
Trouvez et corrigez cette erreur.

1. La devise des Jeux Olympiques est
   «plus beau, plus haut, plus fort.»

2. La Coupe du Monde est
   une compétition internationale
   de hockey sur glace.

3. Pierre Charles L'Enfant a créé
   les plans de la ville d'Athènes.

4. La Statue de la Liberté a
   un bon restaurant.

5. Les Indiens Hurons ont inventé
   le football.

6. Jean de Brunhoff est le roi
   des éléphants.

7. La Tour Eiffel est la création de
   Frédéric-Auguste Bartholdi.

8. Le saxophone est une invention
   canadienne.

3 LA VILLE MYSTÈRE

Complétez les phrases avec un mot approprié du vocabulaire pour trouver le nom de la ville mystère. C'est une ville américaine fondée par le Français Antoine de la Mothe Cadillac en 1701.

1. Un dessinateur est une personne qui fait des _ _ _ _ _ _.
   1

2. Gustave Eiffel est le _ _ _ _ _ _ _ de la Tour Eiffel.
   2

3. Un inventeur est une personne qui _ _ _ _ _ _ des choses nouvelles.
   3

4. Quand on écrit à une personne, on _ _ _ _ _ _ _ _ _ avec cette personne.
   4

5. Il y a six _ _ _ _ _ _ dans une équipe *(team)* de hockey.
   5

6. Les Nations Unies sont une _ _ _ _ _ _ _ _ _ _ internationale.
   6

7. Un Parisien _ _ _ _ _ _ à Paris.
   7

> **La ville mystère est** _ _ _ _ _ _ _.
>   1 2 3 4 5 6 7

4 ALLEZ À LA RECHERCHE DES MOTS!

Voici cinq verbes français. Utilisez un dictionnaire pour trouver des mots apparentés. Relisez ENRICHISSEZ VOTRE VOCABULAIRE avant de commencer cette activité.

> a. chanter
> b. danser
> c. écrire
> d. enseigner
> e. travailler

5 MÉLANGE DE MOTS

Formez des phrases complètes avec les mots donnés. Faites attention à l'ordre des mots. N'oubliez pas de conjuguer les verbes et de donner les formes correctes des adjectifs!

1. grand / être / la Tour Eiffel / et / élégant
2. au / très / le hockey / un sport / être / Canada / populaire
3. du saxophone / de jazz / jouer / les musiciens
4. des / le roi / être / Babar / éléphants
5. un ballon / on / avec / jouer / au football / rond

6 À VOTRE TOUR

Choisissez un objet de votre chambre. Faites la liste des adjectifs qui décrivent cet objet. Lisez cette liste à votre partenaire. Votre partenaire va trouver l'objet choisi. Renversez les rôles.

7 EXPRESSION PERSONNELLE

Vous habitez à Paris et vous voulez faire un voyage. D'abord, décidez où vous allez. Comment est-ce que vous y allez? En bateau? En voiture? À pied? Servez-vous du modèle donné. Expliquez pourquoi vous choisissez ce mode de transport.

Destination: Nice   **Transport:** en train   **Pourquoi:** C'est vite.

Note CULTURELLE

Un jour, la femme *(wife)* de Jean de Brunhoff raconte l'histoire d'un éléphant à ses enfants. Jean, un peintre, décide d'illustrer l'histoire. En 1931, le premier livre de Babar est né! Babar, un tout petit éléphant, est seul dans la forêt après la mort de sa mère. Il échappe au chasseur *(hunter)* et arrive en ville. Il devient l'ami d'une dame. Elle apprend à Babar comment vivre en ville. Il apprend même à conduire une voiture! Il y a 25 livres des aventures de Babar. Babar est un éléphant internationalement célèbre!

STRATÉGIES DE LECTURE

• Quand vous passez un test de ce genre, pensez bien à votre personnalité, vos traits et vos attitudes.

• Soyez certain(e) que vous compreniez la question avant de répondre.

À VOUS

Donnez votre opinion personnelle.

1 Je suis timide.
   a. oui, très
   b. non, pas du tout
   c. oui, un peu

2 Je suis honnête.
   a. oui, très
   b. non, pas du tout
   c. oui, un peu

3 Je donne souvent mes opinions.
   a. oui, souvent
   b. non, jamais
   c. oui, quelquefois

Maintenant, décidez: avez-vous confiance en vous?

LECTURE 9

Avez-vous confiance en vous ?

Sabine sourit.

Pour savoir si vous avez confiance en vous, faites vite ce test.

Pour chaque situation, choisissez la réponse qui correspond à votre réaction.

VOCABULAIRE

intimidé(e) Léa est **intimidée** quand elle rencontre une célébrité. À cette occasion, elle devient timide.

comique Bugs Bunny est **comique.** C'est un personnage amusant.

immédiatement Quand le téléphone sonne *(rings)*, Matthieu répond **immédiatement.** Il n'attend pas une seconde.

le contraire Tu dis toujours **le contraire:** quand je dis oui, tu dis non. Tu choisis toujours la chose opposée.

hésiter Il est normal d'**hésiter** quelques secondes avant de sauter à l'élastique *(to bungee jump)*.

Au salon de coiffure

En voyage à Montréal

✔ = **bien sûr**

✗ = **non**

P = **peut-être**

Au café

On joue
au volley.

Une boum

Test de confiance

1. Vous êtes à une boum. La personne de vos rêves[1] parle avec beaucoup d'amis. Interrompez-vous sa conversation pour dire bonjour?

2. Vous décidez de vous couper les cheveux. Vous allez chez le coiffeur et vous détestez le résultat! Vos amis téléphonent pour vous inviter à un restaurant très chic. Est-ce que vous acceptez l'invitation?

3. Vous êtes dans un pays d'Europe avec votre famille. Votre famille parle seulement l'anglais. Est-ce que vous êtes nerveux (nerveuse)?

4. MTV cherche des jeunes pour un programme. Envoyez[2]-vous votre photo?

5. Vous êtes au restaurant avec votre ami(e). Vous trouvez un insecte dans votre soupe. Est-ce que vous dites au serveur que vous n'êtes pas content(e)?

6. Votre école cherche des athlètes. Vous n'êtes pas un(e) champion(ne), mais vous adorez le sport. Vos camarades sont beaucoup plus sportifs que vous. Décidez-vous de participer?

[1]dreams   [2](do you) send

✔ = bien sûr

✗ = non

P = peut-être

7. Votre ami(e) arrange un rendez-vous pour vous ce soir. Vous ne connaissez pas la personne. Êtes-vous nerveux (nerveuse)? □

8. Vous changez d'école. Vous décidez de travailler au journal scolaire, mais vous préférez le style du journal de votre autre école. Faites-vous des suggestions pour le changer? □

9. Vous surfez sur l'Internet et vous décidez de participer à un forum. On vous demande votre nom. Donnez-vous votre vrai nom? □

10. Vous dînez chez les parents de votre ami(e). Ils parlent d'un problème. Vous avez une opinion différente. Est-ce que vous donnez votre opinion? □

Résultats

Comptez vos points:	non = 1 point peut-être = 2 points bien sûr = 3 points	Votre total est ____ points.
de 10 à 17 points	**de 18 à 25 points**	**de 26 à 30 points**
Vous n'avez pas beaucoup de confiance en vous. Vous êtes timide et vous hésitez à exprimer vos opinions. Votre silence peut passer pour de l'indifférence. Alors courage! Donnez votre opinion! Plus on s'exprime, plus on a confiance en soi et plus on a d'amis.	Vous avez une bonne confiance en vous. Vous savez quand il est nécessaire d'exprimer votre opinion. Vous connaissez vos limites et vous n'aimez pas «le bluff.» Votre honnêteté est très appréciée. Vous savez respecter le point de vue des autres.[1]	Confiance en vous? Trop même![2] Vous avez des opinions très solides et vous n'hésitez pas à les donner. Cette confiance en vous est bonne, mais vous donnez l'impression d'être agressif (agressive). Si vous ne voulez pas sembler[3] arrogant(e), n'oubliez pas d'écouter les opinions des autres.

[1] others [2] Even too much! [3] to seem

Conseils Pratiques

Comment exprimer son opinion avec efficacité?
Voici quelques conseils _(advice)_:

- **Soyez gentil (gentille).**

    Dites. . . Je sais que c'est difficile de jouer aux
    jeux Nintendo.

    Ne dites pas ▪ ▪ ▪ Tu es stupide! Tu ne sais pas jouer à
    ce jeu!

- **Expliquez votre opinion.**

    Dites. . . Ce film est meilleur _(better)_ parce que
    l'histoire est intéressante.

    Ne dites pas ▪ ▪ ▪ Moi, je sais que ce film est meilleur.

- **Si vous n'êtes pas d'accord, exprimez-vous avec tact.**

    Dites. . . Tu as tort: Jean-Claude Van Damme n'est
    pas français, il est belge.

    Ne dites pas ▪ ▪ ▪ Tout le monde sait que Van Damme est belge!

- **Respectez l'opinion des autres.**

    Dites. . . Oui, je comprends que tu aimes les brocolis,
    mais moi, je les déteste.

    Ne dites pas ▪ ▪ ▪ C'est stupide d'aimer les brocolis!

Et n'oubliez pas...

–d'écouter votre partenaire.

–de ne pas interrompre votre partenaire.

–de regarder votre partenaire quand vous parlez.

AVEZ-VOUS COMPRIS?

En groupe, répondez aux questions suivantes et
discutez de vos opinions.

1. Êtes-vous d'accord avec votre résultat? Pourquoi?

2. Quels sont les résultats de vos camarades?
   Pensez-vous que ces résultats correspondent
   à leur personnalité? Vos camarades sont-ils
   d'accord? Pourquoi?

3. Regardez les situations où vous répondez **non.** Pourquoi
   choisissez-vous cette réponse? Quelles sont vos réactions dans
   ces situations? Quelles sont les réactions de vos camarades?

EXPÉRIENCE PERSONNELLE

Vous venez de passer un test de confiance. On a besoin de confiance
dans beaucoup de situations. Imaginez une situation où vous devez
prendre une décision. Dans un arbre de décision écrivez votre
problème, les solutions possibles et le pour et le contre
(the pros and cons) de chaque solution.

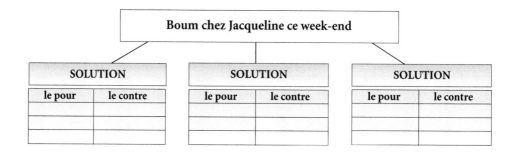

Boum chez Jacqueline ce week-end					

SOLUTION		SOLUTION		SOLUTION	
le pour	le contre	le pour	le contre	le pour	le contre

ENRICHISSEZ VOTRE VOCABULAIRE

aimer *to love*

aimer bien *to like*

préférer *to prefer*

détester *to hate*

avoir raison *to be right*

avoir tort *to be wrong*

à mon avis *in my opinion*

donner son opinion/son avis *to give one's opinion*

être d'accord *to agree*

ne pas être d'accord *to disagree*

être sûr(e) *to be sure*

penser *to think*

croire *to believe*

c'est vrai *it's true*

① DÉCIDEZ!

Complétez les phrases avec la forme correcte du verbe.

1. Jacques dit que 2 et 2 font 5. Il _____ (**avoir raison/avoir tort**).

2. Lise et Thomas font du vélo tous les jours après les cours.
   Ils _____ (**aimer/détester**) le vélo.

3. J'aime la musique rock plus que la musique pop.
   Je _____ (**préférer/penser**) la musique rock.

4. Vous dites que Londres est la capitale de l'Angleterre.
   Vous _____ (**avoir raison/avoir tort**).

5. Nous avons la même opinion que nos copains.
   Nous _____ (**être d'accord/ne pas être d'accord**) avec eux.

② FAITES LA PAIRE.

Pour chaque question de la Colonne A, trouvez une réponse correcte
dans la Colonne B.

A	**B**
1. Êtes-vous d'accord avec votre soeur?	a. Immédiatement.
2. Comment est Bugs Bunny?	b. Oui, je choisis toujours le contraire.
3. Quand est-ce que vous partez?	c. Non, je ne suis pas d'accord avec elle.
4. Est-ce que 5 et 5 font 10?	d. À mon avis, il est très comique.
5. Vous choisissez toujours la chose opposée?	e. Oui, vous avez raison.

③ AU RESTAURANT

Indiquez ce que ces personnes aiment et n'aiment pas manger.
Mettez les mots suivants dans le bon ordre pour construire
une phrase logique.

1. je / les carottes / détester
2. aimer / la glace / Paul
3. aimer / les frites / Nicolas et Aline / bien
4. les sandwichs / nous / préférer / au fromage
5. tu / le gâteau / ne / au / pas / aimer / chocolat

4 LA POLITESSE

Révisez les *Conseils Pratiques*. Naturellement, vous voulez être poli(e). Décidez si vous **dites** ou si vous **ne dites pas** les phrases suivantes. Pourquoi?

1. Tout le monde sait qu'on parle italien en Italie!
2. C'est stupide de regarder cette émission de télévision!
3. Je comprends pourquoi tu aimes cet acteur, mais moi, je pense qu'il est trop sérieux.
4. Tu ne connais rien aux équipes de football américain!

5 JEUX DE RÔLES

Avec un(e) partenaire, choisissez deux situations. Préparez le dialogue. Donnez des arguments pour et contre chaque position. Expliquez votre opinion.

a. **Cinéma ou shopping?** Ce weekend, votre ami(e) et vous désirez sortir ensemble. Vous n'êtes pas d'accord. Vous désirez aller au cinéma, mais votre ami(e) préfère faire du shopping. Vous discutez ensemble pour trouver une solution.

   Rôles: Vous, votre ami(e)

b. **Qui est le meilleur** *(best)***?** Vous discutez avec votre oncle. Vous aimez bien les sports mais vous n'aimez pas les mêmes *(same)* athlètes. Choisissez les noms de deux athlètes. Puis discutez pour déterminer qui est le/la meilleur(e) athlète et pourquoi.

   Rôles: Vous, votre oncle

c. **Quel programme choisir?** Vous décidez de regarder la télévision. Votre soeur préfère le documentaire sur la vie *(life)* des termites. Vous préférez le film de science-fiction. Votre soeur explique son choix. Vous expliquez le vôtre. Que décidez-vous de regarder?

   Rôles: Vous, votre soeur

Activité 6 À VOTRE TOUR

En groupe, exprimez votre opinion sur l'un des sujets suivants. Qui est d'accord avec vous? Qui n'est pas d'accord? Pourquoi? Dans votre cahier, faites un tableau des résultats. Écrivez les noms des membres de votre groupe et leurs opinions. Illustrez votre sujet avec des images de magazines ou des dessins *(drawings)*.

- La violence à la télévision.
- L'utilité de l'Internet.
- Le prix des chaussures de basket.

Activité 7 EXPRESSION PERSONNELLE

Divisez-vous en groupes. La classe va créer *(create)* un nouveau «test de confiance.» Chaque groupe écrit une situation. Faites une compilation de toutes les situations. Puis, faites le test! Avec un(e) partenaire, comparez vos résultats du nouveau test dans un diagramme. Utilisez le modèle donné.

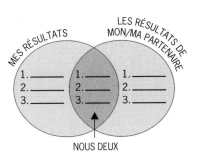

Note CULTURELLE

Comme aux États-Unis, les jeunes Français aiment lire des magazines. Les articles parlent de la musique, du sport, de l'école, de l'amitié *(friendship)* et de la mode. Il y a aussi des tests de personnalité. Certains magazines aident les étudiants. Ils permettent d'apprendre en s'amusant. Allez dans une librairie qui vend des livres et des magazines étrangers. Regardez les magazines francophones. Les jeunes Français ont souvent les mêmes intérêts et problèmes que vous!

Allons au marché en Martinique !

STRATÉGIES DE LECTURE

- Quand vous lisez, essayez de ne pas traduire les mots en anglais!

- Vous pouvez anticiper le style de vocabulaire que vous allez lire en regardant les images.

À VOUS

Donnez votre opinion personnelle.

1 La Martinique est...
   a. une île
   b. un département des États-Unis
   c. une ville

2 Les marchés sont...
   a. à l'intérieur d'un bâtiment
   b. en plein air
   c. toujours près d'une école

3 Il y a beaucoup de... en Martinique.
   a. neige
   b. fruits
   c. déserts

«C'est le meilleur, le plus charmant pays du monde.»

C'est la définition de la Martinique donnée par Christophe Colomb et c'est aussi vrai aujourd'hui. La Martinique est une île des Antilles, et aussi un département français très plaisant. On parle le français ici, et aussi le créole.

AMÉRIQUE DU NORD

La Martinique

AMÉRIQUE CENTRALE

AMÉRIQUE DU SUD

Imaginons qu'aujourd'hui nous sommes à Fort-de-France, la capitale de la Martinique, avec notre amie de la *Lecture 4*, Caroline Clément. Il fait très beau. Allons au marché!

Il y a beaucoup de marchés sur l'île. On trouve des bananes, des oranges, des tomates et des pommes de terre. Il y a aussi des fruits et des légumes exotiques.

VOCABULAIRE

les légumes Les végétariens ne mangent pas de viande *(meat)*. Ils mangent des **légumes**. Ils aiment les pommes de terre et les carottes, par exemple.

le litchi Le **litchi** est un petit fruit rond et rose. Il est d'origine chinoise.

le bonbon Les caramels et les chocolats sont des **bonbons**.

le ragoût Le **ragoût** est un plat préparé avec de la viande et des légumes. Ce plat cuit *(cooks)* généralement pendant plusieurs heures.

l'épice *(f.)* On met des **épices** dans les plats pour donner plus de goût *(taste)*. Le piment *(pepper)* rouge, par exemple, est **une épice** très forte.

le litchi

la papaye

la noix de coco

la carambole, un fruit jaune en forme d'étoile (star)

Il existe près de 75 variétés de fruits et légumes en Martinique! On vend aussi du poisson, des coquillages[1] et des fruits de mer.

Dans la rue, on vend des jus de fruits frais. Les jus les plus populaires sont le fruit de la passion (appelé «maracudja»), l'ananas[2] et la goyave.[3] En plus, il y a les doucelettes, des bonbons de noix de coco, de lait et de sucre. On vend aussi des sinobols. Ce sont de petites boules de glace avec du sirop de fruit. Leur nom vient de l'anglais "snowball!"

On prépare les repas avec tous ces produits. En Martinique, on aime les plats en sauce et le curry. Beaucoup de plats sont servis avec du riz. Le riz est souvent préparé avec des lentilles et des haricots rouges. On aime aussi les épices et on utilise beaucoup de piment. Voici quelques plats typiques.

[1] shellfish
[2] pineapple
[3] guava

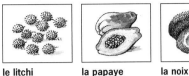

Le menu

Plats typiques

Les accras: du poisson frit (fried) avec des herbes.
Les matoutous: des crabes farcis (stuffed).
Le blaff: du poisson avec du citron vert.
Le féroce: de la purée d'avocat (avocado) au poisson très "férocement" épicée.
Le lambi: un gros coquillage.

QUELQUES MOTS CRÉOLES

Créole	Français
Ti boy	garçon
Pa ni problem	pas de problème
La plie ka tombé	il pleut
Ou sa ou allé?	Où vas-tu?

Quelques informations:

Savez-vous que le barbecue est d'origine antillaise? Les premiers habitants de la Martinique sont les indiens Arawaks. Pour cuire leur viande, ils utilisent une sorte de gril appelé le barbacoa.

Allons au marché en Martinique! • **65**

Pour dessert, choisissez des bananes au four...

Voici la recette:

Les bananes au four

Ingrédients (pour 6 personnes)

6 bananes
2 onces de beurre
3/4 tasse de sucre
1/4 tasse d'eau
1 cuillère à café de vanille

Ustensiles nécessaires

un couteau
un bol
une cuillère en bois
du papier aluminium
un plat à four

1. Pelez chaque banane. Coupez-les dans le sens de la longueur *(length)*.

2. Dans un bol, mélangez le beurre avec 1/2 tasse de sucre.

3. Versez le beurre et le sucre sur les bananes.

4. Beurrez un plat à four. Puis versez dans ce plat 1/4 tasse d'eau et 1 cuillère à café de vanille.

5. Arrangez les bananes dans le plat à four. Saupoudrez-les du reste du sucre (1/4 tasse).

6. Beurrez du papier aluminium. Couvrez le plat avec ce papier beurré. Mettez dans le four. Cuisez 30 minutes à 350°.

Bon appétit!

AVEZ-VOUS COMPRIS?

Il y a une faute dans chaque phrase. Trouvez la faute et corrigez la phrase.

1. Les végétariens ne mangent pas de légumes.
2. En Martinique, les jus de fruits les plus populaires sont le fruit de la passion, la fraise et la goyave.
3. Il existe près de 50 variétés de fruits et légumes en Martinique.
4. Le lambi est du poisson avec du citron vert.

EXPÉRIENCE PERSONNELLE

1. Maintenant vous connaissez quelques plats martiniquais. Répondez à ces questions personnelles.

   a. Quelle est votre cuisine préférée? Votre plat préféré?
   b. Quel est votre restaurant favori? Qu'est-ce que vous mangez quand vous y dînez?

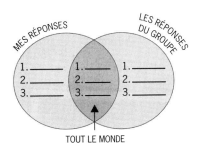

2. Dans un groupe, utilisez les questions du numéro 1 pour faire un sondage *(poll)*. Comparez vos réponses avec celles du groupe. Montrez vos résultats dans un diagramme.

ENRICHISSEZ VOTRE VOCABULAIRE

Les ustensiles (m.)

le bol *bowl*
le couteau *knife*
la cuillère en bois *wooden spoon*
le four *oven*
le four à micro-ondes *microwave oven*
le mixeur *blender*

la plaque à four *baking sheet*
le plat *dish*
le plat à four *baking dish*
le robot ménager *food processor*
le sac en plastique *plastic bag*
le papier aluminium *aluminum foil*

Les ingrédients (m.)

le beurre *butter*
la farine *flour*
l'huile (f.) *oil*
les oeufs (m.) *eggs*
les pâtes (f.) *pasta*

le poivre *pepper*
le sel *salt*
le sucre *sugar*
le riz *rice*

Les actions (f.)

beurrer *to butter*
couper *to cut*
couvrir *to cover, put a lid on*
cuire *to cook, bake*
éplucher *to peel*

mélanger *to mix*
peler *to peel*
saupoudrer *to sprinkle*
verser *to pour*

Les fruits (m.)

l'abricot (m.) *apricot*
l'ananas (m.) *pineapple*
la banane *banana*
la fraise *strawberry*
le kiwi *kiwi*

la pêche *peach*
la poire *pear*
la pomme *apple*
la prune *plum*
la mangue *mango*

Les légumes (m.)

l'aubergine (f.) *eggplant*
les haricots verts (m.) *green beans*
le maïs *corn*
la patate douce *sweet potato*
les petits pois (m.) *peas*
la pomme de terre *potato*

La viande

le porc *pork*
le boeuf *beef*
le veau *veal*
le poulet *chicken*
le bifteck *steak*
la saucisse *sausage*

1 MÉLANGE

Sur une autre feuille de papier, écrivez le mot français qui correspond
à chaque image. Les lettres dans un cercle forment une expression
utilisée avant le repas. Attention— les lettres sont mélangées!

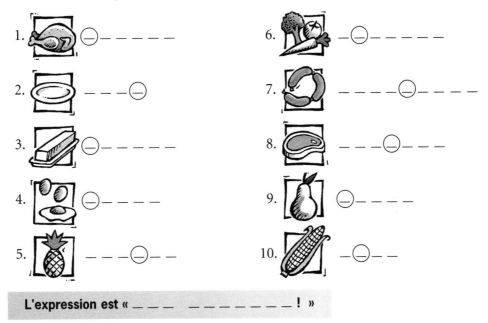

1. ○ _ _ _ _

2. _ _ _ ○

3. ○ _ _ _

4. ○ _ _ _

5. _ _ _ ○ _

6. _ ○ _ _ _ _

7. _ _ _ ○ _ _ _

8. _ _ _ ○ _ _ _

9. ○ _ _ _ _

10. _ ○ _ _

L'expression est « _ _ _   _ _ _ _ _ _ _ ! »

2 C'EST VOUS LE CHEF!

Imaginez que vous préparez un grand dîner pour votre famille.
Êtes-vous maître de la cuisine?

1. _____ sont des légumes verts
   en forme de petites billes. Votre
   père adore ça!
   a. Les petits pois
   b. Les patates douces
   c. Les haricots verts

2. Votre petite soeur n'aime pas
   la peau *(skin)* des pommes de
   terre. Alors, avant de cuire des
   pommes de terre, il faut les _____.
   a. cuire
   b. saupoudrer
   c. éplucher

3. Pour couper le bifteck, vous avez
   _____.
   a. une cuillère en bois
   b. une tasse
   c. un couteau

4. Votre mère aime ces petits fruits
   rouges. Pour dessert, vous préparez
   _____ avec de la glace à la vanille.
   a. des bananes
   b. des poires
   c. des fraises

Allons au marché en Martinique! • **69**

3 ON PARLE DE QUOI?

Qu'est-ce qu'on décrit dans les phrases suivantes?
Complétez les phrases.

1. M. Roger ne mange pas de viande. C'est un _____.
2. Au supermarché on met ses achats *(purchases)* dans un _____ en _____.
3. Beaucoup de plats martiniquais sont servis avec du _____.
4. Le porc, le veau et le boeuf sont des _____.
5. Pour mélanger beaucoup d'ingrédients, on utilise le _____ _____.

4 MOTS CROISÉS

Aidez-vous du texte et d'**ENRICHISSEZ VOTRE VOCABULAIRE** pour compléter
le mots croisés. (Attention: on n'écrit ni les accents ni les traits
d'union *[hyphens]* dans les mots croisés français.)

HORIZONTALEMENT

1. Un plat martiniquais typique
   fait avec un gros coquillage
8. Capitale de la Martinique
9. Fruit tropical
10. Forme de la carambole
11. Langue parlée en Martinique
12. Saison
13. Petite boule de glace pilée

VERTICALEMENT

2. La Martinique est située dans ce groupe d'îles
3. La doucelette est un…
4. Produit de la mer vendu *(sold)* au marché
5. Mot utilisé par Colomb pour décrire la Martinique
6. Un petit fruit rouge qui est souvent servi avec
   de la crème comme dessert
7. La Martinique fait partie de *(belongs to)* ce pays

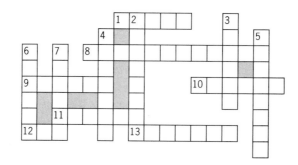

Activité 5 À VOTRE TOUR

Imaginez que vous avez un restaurant de spécialités martiniquaises. Qu'est-ce que vous servez? Préparez un menu complet avec les prix. Illustrez les spécialités. Quel est le nom de votre restaurant?

Activité 6 EXPRESSION PERSONNELLE

Qu'est-ce que vous savez préparer? Des oeufs brouillés *(scrambled)*? Un gâteau au chocolat? Quand le préparez-vous? En utilisant un modèle comme celui-ci, écrivez toutes les actions nécessaires.

Je sais préparer... (un gâteau) → 1. Je mets le four. → 2.

4. ← 3.

Note CULTURELLE

Savez-vous comment les Martiniquais utilisent les fruits et légumes? Ils les mangent, bien sûr. Mais ils utilisent les feuilles *(leaves)* pour faire des poupées *(dolls)*! Le Musée des Poupées Végétales, entre les villes de Lorrain et Basse-Pointe, est dans une ancienne *(former)* plantation de canne à sucre. La collection est fascinante. Il y a des poupées faites avec plus de 600 types de feuilles! Imaginez une poupée en feuilles de banane! C'est amusant, non?

STRATÉGIES DE LECTURE

- Les gloses (*glosses*) sont là pour vous aider. Lisez les gloses en premier pour pouvoir lire le texte sans interruption.

- Lisez bien les trois réponses avant de répondre aux questions.

À VOUS

Donnez votre opinion personnelle.

1 En France, on dit... aux profs.

  a. «Ça va?»
  b. «Comment vas-tu?»
  c. «Comment allez-vous?»

2 Un Français dit «vous» à...

  a. un enfant
  b. quelqu'un qu'il ne connaît pas bien
  c. quelqu'un qu'il connaît bien

3 Ouvrir le réfrigérateur chez un ami sans demander est...

  a. poli
  b. impoli
  c. normal

SOYONS polis!

Chaque culture a ses traditions spécifiques. Par exemple, quand des amis français se rencontrent, ils s'embrassent[1] sur la joue.[2] Respecter les traditions est important. Cela crée une bonne impression. On se fait de nouveaux amis plus rapidement.

Dans ce texte, vous allez rencontrer Matthew Rodgers. C'est un jeune Américain qui découvre la ville de Paris. Il découvre aussi qu'il a un talent particulier pour vexer les Français! Pouvez-vous l'aider à comprendre ses faux pas?

[1]kiss   [2]cheek

VOCABULAIRE

frapper On **frappe** à la porte avant d'entrer. Quand on entend quelqu'un **frapper** à la porte, on demande: «Qui est là?»

rire On **rit** quand on voit quelque chose de comique. Les clowns font **rire** les enfants et les adultes.

pâlir Une personne malade **pâlit**. C'est-à-dire, son visage devient pâle.

jeter Quand on n'utilise plus (*no longer*) un objet, on peut le **jeter**. Par exemple, les Kleenex sont des mouchoirs (*handkerchiefs*) que l'on **jette** après usage. En fait, on appelle aussi les Kleenex les mouchoirs à **jeter**!

remplir Quand on a très faim, on **remplit** son assiette avec beaucoup de nourriture (*food*). Quand elle est vide, on peut la **remplir** une deuxième fois.

Le dîner

1. Ce soir, Matthew est invité à un dîner chez son amie Madeleine. Il met ses vêtements préférés: un jean et un tee-shirt avec un logo de football américain. Arrivé à l'appartement, il frappe. Madeleine ouvre. Elle le regarde avec surprise, puis l'invite à entrer. Elle le présente[1] à ses amis. Matthew remarque qu'il est le seul à porter un jean. Pourquoi?

   a. En France, on s'habille bien quand on est invité à dîner.

   b. Ce n'était pas nécessaire pour Matthew de frapper.

   c. Les Français n'aiment pas les tee-shirts de football américain.

2. Madeleine présente Matthew à son grand-père, M. René Matador. Matthew lui dit: «Bonjour. Je suis Matthew. Est-ce que tu dînes souvent chez Madeleine?» M. Matador répond: «Oui. Est-ce que nous nous connaissons?» Puis il va parler à Madeleine. Matthew a l'air surpris. Il se demande[2] s'il y a un problème.

   a. Non, en France, les grands-pères sont toujours brusques.

   b. Oui, M. Matador perd la mémoire.

   c. Oui, en France, on dit toujours «vous» à une personne qu'on rencontre pour la première fois. C'est un signe de respect.

Est-ce que tu dines souvent chez Madeleine?

[1]introduces   [2]wonders

Soyons polis! • **73**

3. «Je te présente Alice Matador,» dit Madeleine à Matthew. «C'est ma grand-mère.»

Cette fois, Matthew fait attention. Il dit: «Comment allez-vous, Alice?» Mme Matador répond qu'elle va bien. Madeleine rit. Pourquoi?

    a. Elle trouve Matthew charmant.

    b. Il est mieux de dire: «Comment allez-vous, madame?» En France, on n'utilise pas le prénom immédiatement, surtout si la personne est plus âgée.

    c. Parce que c'est mieux de dire son nom avant de demander «Comment allez-vous?»

En famille

1. Matthew passe le week-end chez les parents de Madeleine. Il est cinq heures du soir. Matthew a faim. Il va dans la cuisine, ouvre le réfrigérateur et prend un yaourt à la fraise. La mère de Madeleine est surprise. Pourquoi?

    a. Elle pense que les Américains ne mangent jamais de yaourt.

    b. C'est un vieux yaourt qu'elle a oublié de jeter.

    c. C'est plus poli de demander la permission avant d'aller ouvrir le réfrigérateur et de prendre quelque chose.

2. C'est le dîner. Matthew a très faim. Il commence à manger le premier très rapidement. Madeleine lui donne un coup de coude.[1] Pourquoi?

   a. En France, l'invité(e) attend que l'hôtesse commence à manger.
   b. En France, on mange très lentement.
   c. En France, l'hôtesse explique le menu avant de permettre à l'invité(e) de commencer à manger.

3. Matthew, bien sûr, a mangé très vite. Le plat est tellement délicieux que Matthew en voudrait plus. Il remplit son assiette une deuxième fois et Madeleine lui donne un autre coup de coude. Pourquoi?

   a. Ce n'est pas poli de remplir son assiette.
   b. En France, on change les assiettes avant de se servir une deuxième fois.
   c. En France, l'invité(e) attend que l'hôtesse propose le plat avant de se servir une deuxième fois.

Réponses:
Le dîner 1. a, 2. c, 3. b
En famille 1. c, 2. a, 3. c

Petits conseils d'étiquette

Si vous êtes invité(e) à dîner dans une famille française, n'oubliez pas...

- Il est d'usage d'apporter des fleurs à l'hôtesse quand on est invité à dîner... mais n'apportez jamais de chrysanthèmes: ces fleurs sont le symbole des cimetières!

- Ne posez pas les coudes sur la table. Ne mettez pas les mains sous la table, gardez-les[2] sur la table.

- On mange la salade après le plat principal. On mange le fromage avant le dessert. Coupez votre part de fromage avec un couteau et posez-le sur un petit morceau de pain pour le manger.

- À la fin du repas, proposez votre aide à l'hôtesse pour débarrasser[3] la table.

- Ne vous précipitez pas pour sortir de table: en France, un repas entre amis peut durer plusieurs heures. C'est une occasion privilégiée pour discuter et passer une bonne soirée.

[1]elbow   [2]keep them   [3]clear off

Soyons polis - à l'écrit!

Les lettres

En France, le format des lettres est assez formel. Il varie selon le sujet et la personne à qui on écrit.

Pour une lettre d'affaires (par exemple, une demande d'emploi ou une réservation d'hôtel)…

- Écrivez au stylo noir ou bleu. N'utilisez jamais de crayon, ni de stylo rouge ou vert. (En France, il est très impoli d'écrire une lettre au stylo rouge.)
- Écrivez votre nom, adresse et numéro de téléphone en haut à gauche.
- Écrivez toujours la date.
- Si votre écriture est difficile à lire, tapez[1] la lettre. Si vous utilisez un ordinateur, choisissez un style simple pour les caractères.
- Signez votre lettre en écrivant votre nom lisiblement.

Comment commencer et terminer votre lettre si vous écrivez à…

- *une personne que vous ne connaissez pas:*

    Commencez par: Monsieur/Madame/Mademoiselle + nom de famille de la personne

    ▶**Exemples:** Monsieur Camembert,/Mademoiselle Roquefort,/ Madame Brie,

    Terminez par: Veuillez agréer, Monsieur (Madame/Mademoiselle), l'expression de mes sentiments les meilleurs.

- *une personne qui a un titre officiel:*

    Commencez par: Monsieur/Madame/Mademoiselle + titre

    ▶**Exemples:** Monsieur le Directeur du personnel,/ Madame la Directrice du personnel,

    Terminez par: Veuillez agréer, Monsieur (Madame/Mademoiselle), l'expression de mes sentiments respectueux.

- *un(e) ami(e):*

    Commencez par: Cher/Chère + prénom

    ▶ **Exemples:** Cher Patrick,/Chère Hélène,

    Terminez par: Affectueusement ou (si vous connaissez très bien la personne!) Grosses bises[2]

[1]type   [2]kisses

Matthew Rodgers
245 West 51st Street
New York, NY 10019
Tél. (212) 555.9526

le 12 septembre 1997

Monsieur le Président Directeur Général,

J'ai appris par mon amie Madeleine que vous cherchez
un assistant bilingue français/anglais pour votre département
de comptabilité. Je suis un assistant comptable expérimenté
et je parle français et anglais. Je me permets donc de vous
soumettre ma candidature à ce poste. Veuillez trouver ci-joint[1]
mon C.V.[2] pour votre considération.

Veuillez agréer, Monsieur, l'expression de mes sentiments
respectueux.

Matthew Rodgers

L'enveloppe

Écrivez le nom complet et
le titre (si nécessaire) de votre
correspondant, puis son
adresse. Dans les adresses
françaises, on écrit le code
postal (cinq chiffres) avant
le nom de la ville. Si vous
écrivez à l'étranger, n'oubliez
pas d'indiquer le nom du pays
et la mention "AIR MAIL" ou
"PAR AVION."

Place
stamp
here

Monsieur René Matador
Président Directeur Général
15, avenue du Bouleau
75001   Paris
France

AIR MAIL

[1]enclosed   [2]resume

AVEZ-VOUS COMPRIS?

Imaginez que vous passez vos vacances en France. Vous logez
chez les Brossard avec deux étudiants étrangers, Gunther et Inge.
Est-ce que l'action décrite est correcte ou pas? Si l'action n'est pas
correcte, expliquez pourquoi. Dites ce que la personne doit *(must)*
faire ou dire.

1. Le premier jour, vous avez appelé M. Brossard par son prénom,
   Georges.
2. Vous offrez un gros bouquet de chrysanthèmes à Mme Brossard
   pour son anniversaire.
3. Gunther rencontre le père de M. Brossard. Il lui dit:
   «Où travailles-tu?»
4. Au dîner, Inge attend toujours que Mme Brossard commence
   à manger avant de commencer elle-même.
5. Vous proposez toujours d'aider Mme Brossard à la fin du repas.

EXPÉRIENCE PERSONNELLE

Dans ce texte, vous avez fait
la connaissance d'un Américain qui
fait des erreurs quand il est en France.
Imaginez que vous allez passer
deux semaines en France chez votre
correspondant(e). Vous savez que
les Français et les Américains ont
différentes façons de faire beaucoup
de choses. Pensez à trois choses que
vous allez faire et trois choses que
vous n'allez pas faire. Dans votre cahier,
écrivez le pour et le contre de ces actions.

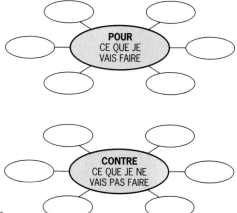

ENRICHISSEZ VOTRE VOCABULAIRE

aimable *kind*

bien élevé(e) *well-mannered*

obéissant(e) *obedient*

poli(e) *polite*

sage *good*

obéir (à quelqu'un) *to obey (someone)*

désagréable *unpleasant*

mal élevé(e) *bad-mannered*

désobéissant(e) *disobedient*

impoli(e) *impolite*

méchant(e) *naughty*

désobéir (à quelqu'un) *to disobey (someone)*

❶ LES OPPOSÉS

Jean et Jeanne sont frère et soeur, mais ils sont très différents. Pensez à l'adjectif contraire qui convient dans les phrases suivantes. Utilisez les mots d'**ENRICHISSEZ VOTRE VOCABULAIRE**.

1. Jean est aimable. Jeanne est _____.
2. Jean est bien élevé. Jeanne est _____.
3. Jean est obéissant. Jeanne est _____.
4. Jean est poli. Jeanne est _____.
5. Jean est sage. Jeanne est _____.

❷ N'OUBLIEZ PAS!

Vous savez écrire une lettre en français. Lisez les phrases et donnez les lettres qui manquent *(are missing)*. Puis, arrangez ces lettres pour former deux mots importants pour envoyer une lettre à l'étranger!

1. Écrivez toujours la d__te.
2. Quand vous écrivez une lettre d'affaires, __'ut__lisez jamais de crayon.
3. Si votre écriture est difficile à lire, t____ez la lettre.
4. Signez votre lettre en écri__ant votre nom lisiblement.
5. En France, il est très impoli d'écrire une lettre au stylo ____uge.

N'oubliez pas d'écrire ___ ___ _____ sur votre enveloppe!

❸ QU'EST-CE QU'ON VA FAIRE?

Donnez un des verbes du **VOCABULAIRE** pour expliquer ce que chaque personne va faire dans la situation décrite.

1. Vous avez très soif. Vous allez _____ votre verre avec de l'eau froide.
2. Aline va dire quelque chose de comique à Nicolas. Nicolas va _____.
3. J'arrive chez mon copain Cédric. Je vais _____ à la porte avant d'entrer.
4. Il n'y a plus de jus d'orange. Tu peux _____ le carton.

Activité 4 — JENNIFER EST POLIE, N'EST-CE PAS?

Jennifer est une jeune fille en vacances en France. Regardez les images. Écrivez une phrase qui décrit ce qu'elle fait pour impressionner sa famille française. Cherchez vos réponses dans les *Petits conseils d'étiquette* à la page 75.

Activité 5 — LES LETTRES

Lisez les deux sujets de lettres proposés. Votre partenaire et vous, choisissez chacun(e) *(each)* un sujet différent et écrivez la lettre appropriée. Ensuite, échangez vos lettres et écrivez une réponse à celle de votre partenaire. Utilisez votre imagination!

1. Dans un journal français, vous lisez une offre d'emploi qui vous intéresse beaucoup: le parc Euro Disneyland, près de Paris, cherche des étudiants américains pour travailler dans la section qui représente le Far-West. Vous écrivez une lettre en précisant les langues que vous connaissez, vos qualifications particulières et pourquoi ce travail vous intéresse.

2. MTV Europe cherche un VJ américain! Vous écrivez à la Directrice de la Programmation à Paris pour soumettre *(submit)* votre candidature. Dites pourquoi vous désirez ce poste, quelles sont vos qualifications et ce que vous aimez en musique.

À VOTRE TOUR

Formez de petits groupes. Imaginez que votre école va recevoir des jeunes Français. Pour les aider à s'adapter à leur vie américaine, vous décrivez les règles de conduite de votre école. Chaque groupe choisit une situation (par exemple: **à la cafétéria**) puis écrit ce qu'il faut faire ou ne pas faire (par exemple: **il ne faut pas passer devant la personne qui attend avant vous**). Discutez de vos résultats avec la classe.

EXPRESSION PERSONNELLE

Imaginez que vous écrivez pour un magazine. Vous donnez des conseils sur l'étiquette. Chaque élève écrit une question à M./Mme Étiquette. Votre prof va prendre les questions et les distribuer. Il faut répondre à la question que votre prof vous donne. En utilisant le modèle donné, écrivez votre solution pour cette situation.

Modèle:

Question: J'ai un ami qui m'interrompt quand je parle. Qu'est-ce que je dis?

Solution: Vous pouvez dire que ce n'est pas poli et que vous désirez finir ce que vous dites.

ote CULTURELLE

Combien de temps est-ce que vous restez à table pour le dîner? En France, comme dans beaucoup d'autres pays francophones, le dîner peut durer *(last)* des heures. Quand il y a des invités, le repas est une occasion de discuter et de faire connaissance *(to get acquainted)*. Ne quittez jamais un repas en France quand les invités sont encore *(still)* à table! L'étiquette exige de rester jusqu'à ce que *(until)* l'hôtesse donne la permission de passer au salon. Alors faites comme les francophones et découvrez le plaisir de la conversation!

STRATÉGIES DE LECTURE

● Le texte est divisé en plusieurs parties. Essayez de comprendre la partie entière avant de passer à la suivante.

● Essayez de garder en mémoire les faits essentiels pendant que vous lisez.

À VOUS

Donnez votre opinion personnelle.

1 Le rap et le jazz sont deux genres de musique d'origine...

　a. française
　b. américaine
　c. africaine

2 Si vous aimez MC Solaar et Ice T, vous aimez le...

　a. reggae
　b. pop
　c. rap

3 Le jazz est plutôt...

　a. ancien et classique
　b. moderne et rythmé
　c. folklorique

LECTURE 12

MC Solaar
la **star** du
rap
français

La musique commence dans le désert de l'Arizona...
La caméra zoome sur le chanteur. C'est un jeune homme de 26 ans, d'origine africaine. C'est MC Solaar, la grande star du rap français. On entend un rap rythmé, fluide et en français! MC Solaar tourne *(shoots)* un vidéo-clip pour illustrer sa chanson appelée «Western Nouveau.» Le rap en français? En voici un exemple...

VOCABULAIRE

la banlieue Les grandes villes sont entourées *(surrounded)* par de petites villes qui forment **la banlieue**. Beaucoup de personnes travaillent dans la capitale, mais habitent en **banlieue**.

le H.L.M. **H.L.M.** est l'abréviation d'Habitation à Loyer *(rent)* Modéré. **Un H.L.M.** est un grand immeuble *(apartment building)* divisé en appartements. Ces appartements sont donnés par le gouvernement aux personnes qui ont des ressources limitées.

la cité Un ensemble d'immeubles qui ont la même fonction, les H.L.M. par exemple, forment **une cité**. Il y a des **cités** universitaires et des **cités** industrielles.

urbain(e) Le mot **urbain** est un adjectif qui signifie «qui est de la ville.» Les transports **urbains** relient *(connect)* la ville à la banlieue.

habiter **Habiter**, c'est avoir sa résidence en un endroit *(place)* précis. Un Parisien **habite** Paris.

Un enfant de l'Afrique en France

MC Solaar est le nom de scène de Claude M'Barali. Claude est né à Dakar, au Sénégal, en 1965. Fils d'une princesse du Tchad, il grandit[1] dans la banlieue parisienne dans un H.L.M. La vie n'y est pas toujours facile: Claude et sa mère sont confrontés au racisme. Mme M'Barali apprend à son fils comment opposer le silence à la violence.

L'éducation avant le sport

Les jeunes de la cité appellent Claude "le solitaire." En famille, Claude est différent. Il apprend la magie et crée des danses. Footballeur exceptionnel, Claude excelle en sport. À 13 ans, il bat[2] un record de vitesse au sprint puis un record d'endurance. Des sélectionneurs de différentes équipes de football viennent voir sa mère. Elle leur répond qu'il n'est pas question que son fils abandonne ses études. Dans sa famille, on respecte l'éducation.

La force des mots

Au lycée, Claude est bon élève. Le langage le passionne. Il aime regarder les débats de l'Assemblée Nationale à la télévision. Il réalise la force et l'impact des mots. Il invente son nom: MC Solaar. Il choisit MC parce que ce sont ses initiales inversées[3] et Solaar parce que ce mot lui rappelle[4] le soleil.

Des horizons nouveaux

Son horizon s'élargit.[5] Tous les vendredis, sa mère invite la famille et des amis tchadiens. Ils mangent, ils dansent, ils discutent, mais surtout ils jouent de la musique. «La nuit, dans mon lit, j'entendais de la musique, de la musique!» se rappelle MC Solaar. Le plus grand choc est son voyage en Égypte. Son oncle qui habite au Caire l'invite à venir habiter chez lui. Le soleil, l'agitation des rues, les pyramides, le désert...

Ce voyage le change. À son retour, la cité lui paraît plus petite. Il a soif d'apprendre. Il va de plus en plus souvent à Paris où il fréquente le Centre national d'art et de culture Georges Pompidou. Il va à la bibliothèque, lit la presse, regarde des documentaires. Un été, il apprend même le russe tout seul.

[1]grows up   [2]beats   [3]reversed   [4]reminds him of   [5]broadens

MC Solaar
découvre l'Égypte.

Les débuts du rap

MC Solaar
réfléchit sur
la vie moderne.

Dans les années 1980, les groupes européens imitent les groupes américains. Ils chantent en anglais. Mais ils comprennent que le rap est un moyen d'expression qui permet aux jeunes d'exposer leur vie et leurs problèmes. MC Solaar commence à écrire des textes. Il s'inspire d'artistes comme Queen Latifah, Heavy D et Big Daddy Kane.

Son premier album, *Qui sème[1] le vent récolte[2] le tempo,* sort en 1991. C'est un succès immédiat. «Victime de la mode» et «Caroline,» deux chansons de cet album, deviennent aussitôt des hits.

Un succès rapide

MC Solaar gagne des prix et son premier album devient un disque de platine. De plus, il se vend bien aux États-Unis. «Les Américains, inventeurs du rap, ont fini par se dire: "Tiens, il y a aussi du rap en France,"» dit MC Solaar. Les critiques aiment beaucoup la qualité de ses chansons. Le public aime aussi son humour. Certains l'appellent le "Woody Allen du rap." Peu après, il écrit «Le Bien, le Mal.» Spike Lee est réalisateur du vidéo-clip.

Dénoncer les problèmes

Dans son album *Prose Combat,* MC Solaar donne l'alarme contre la violence. «Western Nouveau,» par exemple, est une chanson qui illustre les problèmes de la société moderne. Il explique: «On passe du calme au sang[3] en une seconde. C'est la réalité. C'est aussi la télévision. On passe tout près de la violence.»

Aider les jeunes

MC Solaar a créé un label de disque pour donner aux jeunes l'opportunité de développer leur talent. Il croit que la solidarité fait la force du rap et présente de nouveaux groupes français comme Démocrates D ou Les Sages[4] Poètes de la Rue.

Continuer à apprendre

MC Solaar reste modeste: «Le succès m'a permis de beaucoup bouger,[5] de rencontrer des gens et de voir du pays. Mais au quotidien,[6] ma vie n'a pas changé du tout. J'ai toujours les mêmes amis et les mêmes habitudes.» MC Solaar est un artiste qui continue à apprendre et à évoluer. «Mêler[7] le rap au jazz, c'est indispensable,» assure-t-il. Ses fans français et américains sont impatients d'entendre les résultats.

[1]sows [2]reaps [3]blood [4]wise [5]to move [6]daily life [7]to mix

AVEZ-VOUS COMPRIS?

Lisez les questions et choisissez la lettre qui correspond à la réponse correcte.

1. Quels programmes de télévision le jeune MC Solaar aime-t-il regarder?
   - a. les westerns
   - b. les débats politiques
   - c. les vidéo-clips

2. Qui surnomme *(nicknames)* le jeune MC Solaar «le solitaire?»
   - a. les autres jeunes de la cité
   - b. sa mère
   - c. son oncle

3. Que fait MC Solaar avec l'argent qu'il gagne?
   - a. Il visite l'Égypte.
   - b. Il aide les nouveaux groupes de rap français.
   - c. Il part en vacances dans un hôtel de luxe.

4. Qu'est-ce que les critiques pensent de MC Solaar?
   - a. Ils pensent qu'il est violent.
   - b. Ils pensent qu'il est modeste.
   - c. Ils pensent qu'il a beaucoup de talent.

EXPÉRIENCE PERSONNELLE

Maintenant vous connaissez quelques avantages et quelques inconvénients d'une vie de «star.» Imaginez que vous êtes une star de la chanson. Faites une liste des avantages et des inconvénients de votre vie. Comparez vos résultats avec un(e) partenaire.

Je suis star de chanson.	
le pour	**le contre**

ENRICHISSEZ VOTRE VOCABULAIRE

le jazz *jazz*
le pop *pop*
le rap *rap*
le rock *rock*

le reggae *reggae*
la musique classique *classical music*
la musique folklorique *folk music*

la chanson *song*
le chanteur/la chanteuse *singer*
chanter *to sing*
le hit-parade *charts (top ten)*
le rythme *rhythm*
la rime *rhyme*
la mélodie *melody*
les paroles *(f.) lyrics*
le parolier *lyricist, songwriter*

le compositeur *composer*
composer *to compose (music)*
enregistrer *to record*
le concert *concert*
un tube *hit*
le vidéo-clip *music video*
le baladeur *walkman*
les écouteurs *(m.) headphones*
le lecteur de CD *CD player*

Le verbe *jouer*

Le verbe **jouer** s'utilise avec la préposition **de** quand on parle d'instruments de musique. (Rappel: **de + le = du**)

MC Solaar joue de la guitare.
MC Solaar plays guitar.

Nous jouons du piano.
We play piano.

Mais le verbe **jouer** s'utilise avec la préposition **à** quand on parle de sport. (Rappel: **à + le = au**)

Dikembe Mutombo joue au basket.
Dikembe Mutombo plays basketball.

Tu joues au hockey.
You play hockey.

1 TROUVEZ LA SOLUTION!

Choisissez la réponse correcte pour résoudre *(to solve)* le problème.

1. Un programme intéressant passe à *(is on)* la télévision pendant que vous êtes à l'école. Vous utilisez votre magnétoscope *(VCR)* pour _____ (**composer/enregistrer**) le programme.

2. Votre ami est musicien. Il a écrit une mélodie. Comme vous êtes poète, il vous demande d'écrire les _____ (**paroles/rythmes**) pour faire une chanson.

3. Votre soeur désire étudier. Vous désirez écouter de la musique. Vous utilisez votre _____ (**baladeur/compositeur**).

4. Votre amie et vous, vous désirez aller au concert. Vous aimez le rock et elle aime le pop. Mais vous aimez tous les deux Mozart et Beethoven. Alors, vous décidez d'aller à un concert de _____ (**musique folklorique/musique classique**).

2 FAITES LA PAIRE.

Faites correspondre l'artiste ou le groupe à gauche et le genre de musique approprié à droite.

1. Madonna   **a.** le reggae
2. MC Solaar   **b.** le rock
3. Bob Marley   **c.** le jazz
4. Brahms   **d.** le pop
5. Louis Armstrong   **e.** le rap
6. Pearl Jam   **f.** la musique classique

3 LE MONDE DE LA MUSIQUE

Complétez les phrases avec les mots corrects. (Chaque ligne représente une lettre.)

1. Un compositeur _ _ _ _ _ _ _ de la musique.

2. Un parolier écrit des _ _ _ _ _ _ _.

3. Un chanteur _ _ _ _ _ _ des chansons.

4. On va au _ _ _ _ _ _ _ pour écouter jouer son groupe favori.

5. Le _ _ _ - _ _ _ _ _ _ des tubes change toutes les semaines.

LES STARS JOUENT.

Faites correspondre les stars citées avec le sport ou l'instrument de musique approprié. Ensuite, écrivez une phrase complète. Attention: utilisez la forme correcte de **jouer + à** ou **jouer + de.**

Modèle: Joe Montana **joue au** football américain.

Michael Jordan et Larry Bird	football américain
Elton John	basket
Martina Navratilova et André Agassi	guitare
Elvis Presley	hockey sur glace
Bobby Orr	piano
Joe Montana	tennis

TROUVEZ LE TUBE.

Trouvez le mot approprié d'**ENRICHISSEZ VOTRE VOCABULAIRE** ou du vocabulaire. Écrivez les mots pour trouver le nom d'un tube *(hit)* de MC Solaar. N'écrivez ni les accents ni les traits d'union *(hyphens).*

1. Ensemble d'immeubles qui ont la même fonction
2. Genre de musique qui utilise le saxophone et la trompette
3. Elle est formée de deux mots qui ont une fin identique *(ex: bon, chanson)*
4. Une personne qui écrit de la musique
5. Grand immeuble avec beaucoup d'appartements bon marché *(inexpensive)*
6. Petit film qui illustre une chanson
7. Petite ville à proximité d'une très grande ville
8. Musique originaire de Jamaïque

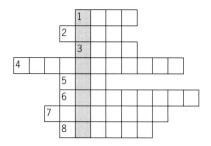

Activité 6 À VOTRE TOUR

Faites un poster pour illustrer et décrire votre musique préférée!
Écrivez pourquoi vous aimez cette musique. (Est-ce à cause du
rythme? des paroles? des instruments?) Puis faites une liste de vos
chanteurs/chanteuses favori(te)s. Illustrez votre poster. Pourquoi
ne pas décorer la classe avec tous les posters?

Activité 7 EXPRESSION PERSONNELLE

Vous connaissez bien l'histoire de
MC Solaar, une star du rap français.
Maintenant, faites des recherches
sur une autre star de la musique
française. Écrivez une petite
description de cette star: le genre
de musique qu'il/elle chante,
son pays d'origine, les noms
de quelques CDs ou de tubes
et de quels instruments il/elle joue.

> Ma star préférée: ——
>
> Cette star est —— .
>
> J'aime cette star parce
> que —— .
>
> La chanson que je préfère
> est —— .
>
> Une question que j'aimerais
> (would like) poser à cette star
> est —— .

Note CULTURELLE

C'est le premier jour de l'été. Vous sortez dans
la rue. Partout, des gens (people) écoutent et
jouent de la musique! En France, c'est comme
ça tous les 21 juin. Le ministre de la culture
a créé la Fête de la Musique en 1982. On donne
des milliers de concerts dans toute la France.
Tout le monde est invité à participer à cet
événement. Il y a aussi des parades et
des fanfares (marching bands). N'importe qui
(anybody) peut jouer de la musique dans la rue.

LECTURE 13

STRATÉGIES DE LECTURE

● La carte sportive de Dikembe Mutombo vous donne des détails précis sur ce basketteur.

● Notez les détails importants de la vie de Dikembe Mutombo dans votre cahier. Cela peut vous aider à comprendre son histoire.

À VOUS

Donnez votre opinion personnelle. Indiquez si vous êtes d'accord (vrai) ou pas (faux).

1 La biographie est l'histoire d'une personne.

2 Le Zaïre est un pays d'Afrique.

3 La NBA est une organisation d'équipes de football américain.

4 Les joueurs de la NBA viennent d'autres pays que les États-Unis.

EUROPE

AFRIQUE

Zaïre

Nom: Dikembe Mutombo Mpolondo Mukamba Jean Jacque Wamutombo
Profession: Basketteur pour les Atlanta Hawks, NBA
Position: Centre
Taille (height): 7'2"
Chaussures: 20
Langues: français, anglais, italien, portugais, espagnol, 4 dialectes africains
Diplômes: Linguistique et Diplomatie

VOCABULAIRE

se moquer (de) Quand on ridiculise une personne parce qu'elle a une apparence ou une attitude jugée ridicule, on **se moque de** cette personne.

se blesser Quelquefois quand on fait du sport, on tombe et on a mal. On **se blesse** au genou ou à la main, par exemple.

s'entraîner **S'entraîner** est l'action de se préparer à faire quelque chose. Un athlète **s'entraîne** avant de participer à une compétition.

se vexer Quand un ami fait une remarque qui offense, on **se vexe.**

se souvenir (de) Quand on pense à un fait du passé, on **se souvient de** ce fait. Dikembe Mutombo, par exemple, va **se souvenir** longtemps **de** son match All-Stars.

De l'Afrique à la NBA, le voyage d'un champion de basket

Dikembe Mutombo est un basketteur professionnel. Mais Dikembe n'est pas américain: il est né au Zaïre, un pays francophone d'Afrique centrale. Aujourd'hui, il est une des stars de la NBA. Il joue avec les Atlanta Hawks. Voici l'histoire de son voyage de l'Afrique à la NBA.

Un élève différent

Nous sommes au lycée de Kinshasa, la capitale du Zaïre en Afrique. Dikembe Mutombo a 18 ans. Il est différent des autres élèves: il est grand. Très grand: il mesure sept pieds et deux pouces. Son problème, c'est qu'il est trop grand. Les élèves se moquent de lui.[1] Au Zaïre, on considère Dikembe comme un phénomène. Un jour, le journal publie sa photo avec la légende: «La girafe de Kinshasa.»

Le sport idéal?

C'est un garçon très sportif. Il pratique les arts martiaux, mais son sport favori est le football. Son père décide que le basket est le sport idéal pour lui. Mais Dikembe déteste le basket! La première fois qu'il joue, il se blesse sérieusement. Il refuse de continuer ce sport, mais son père insiste pour qu'il continue à s'entraîner. Finalement, Dikembe obéit à son père. Il a beaucoup de talent: il est sélectionné pour jouer dans l'équipe nationale du Zaïre.

Objectif: la NBA

Un jour, Dikembe lit des posters et des articles sur la NBA à l'ambassade des États-Unis à Kinshasa. Il décide alors son futur: être basketteur professionnel pour la NBA. Pour réaliser cette ambition, il doit partir aux États-Unis et aller dans une université américaine. Un membre du personnel de l'ambassade américaine le remarque pendant un match. Il aide Dikembe à demander son admission à l'université de Georgetown, à Washington, D.C. Dikembe est bon élève et bon basketteur. Il est accepté.

[1] him

La vie à l'université

Son rêve[1] commence à se réaliser, mais il y a aussi des problèmes. Dikembe parle français, espagnol, portugais, italien et quatre dialectes africains— mais il ne parle pas anglais! Il doit beaucoup étudier: sept heures de leçons d'anglais par jour! L'autre problème est la solitude. La vie à l'université n'est pas comme la vie en famille. Il explique: «J'ai beaucoup de frères et de soeurs. Avec les autres membres de la famille, nous sommes dix-sept à la maison.» De plus, les étudiants à Washington pensent aussi qu'il est différent à cause de ses origines. Dikembe donne un exemple: «Un mois après mon arrivée à Georgetown, il neige. Les étudiants arrivent: "Mutombo, il neige, viens voir!" Ils pensent que je n'ai jamais vu de neige avant. J'explique qu'il neige souvent dans les montagnes au Zaïre.» Mais Dikembe ne se vexe pas. Il continue à jouer au basket et à travailler.

Un athlète généreux et modeste

Enfin, Dikembe va jouer dans la NBA. Il est sélectionné pour jouer avec les Denver Nuggets. Il est très fier de ce succès, mais il n'oublie pas sa famille. «Quand j'ai signé mon contrat, mon père a fait la fête pendant trois jours! J'ai maintenant la possibilité de donner de l'argent à mes oncles, mes frères, mes soeurs...» Dikembe est une star modeste. Avant de participer au 42e match All-Stars de la NBA, il dit: «Je désire juste participer au match. Même pour une minute. Juste pour toucher le ballon.»

Un futur basketteur légendaire?

Personne ne se moque de Dikembe maintenant. Au contraire, ses amis le trouvent gentil, cultivé, charitable, généreux, sociable et amusant. Il travaille pour un programme organisé par la NBA pour persuader les jeunes de continuer l'école. «L'éducation est une priorité dans ma famille.» Il participe aussi activement à l'association internationale CARE. Il organise des «cliniques de basket» pour les enfants dans les régions les plus défavorisées[2] du monde. Il donne son temps gratuitement.[3]

Dikembe Mutombo a un autre rêve: être aussi bon joueur que les légendaires Hakeem Olajuwon ou Kareem Abdul-Jabbar. «Je désire qu'on se souvienne de moi,» dit-il. Et sa légende commence: en 1997 Dikembe est nommé "NBA Defensive Player of the Year." Son voyage est vraiment un succès personnel et professionnel.

[1] dream   [2] disadvantaged   [3] for free

AVEZ-VOUS COMPRIS?

Choisissez la réponse correcte.

1. Au début, la personne qui insiste que Dikembe continue à jouer au basket est…
   a. la mère de Dikembe
   b. le père de Dikembe
   c. l'oncle de Dikembe

2. Mutombo travaille beaucoup et…
   a. va aux États-Unis pour aller à l'université
   b. vit au Zaïre pour aider sa famille
   c. signe un contrat avec les Boston Celtics

3. La vie universitaire est difficile pour Dikembe parce qu'il…
   a. ne parle pas l'anglais
   b. déteste la cuisine américaine
   c. neige tout le temps à Washington

4. Dikembe aide beaucoup de personnes dont *(including)*…
   a. l'ambassade des États-Unis
   b. l'Unicef
   c. sa famille

EXPÉRIENCE PERSONNELLE

Maintenant, vous connaissez bien l'histoire de Dikembe Mutombo. Et vous, est-ce que vous aimez le sport? Faites-vous partie d'une équipe de sport à l'école? Varsity ou J-V? Est-ce que vous avez passé des essais *(tryouts)* pour devenir membre de l'équipe? Faites la liste de ce que vous faites tous les jours pour être en forme et rester membre de l'équipe.

Si vous ne faites pas de sport, donnez une autre activité qui nécessite beaucoup de travail pour réussir. Qu'est-ce qu'il faut faire pour continuer cette activité?

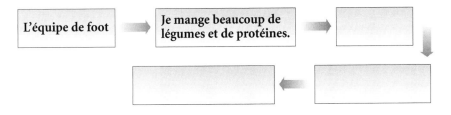

L'équipe de foot → Je mange beaucoup de légumes et de protéines. →

ENRICHISSEZ VOTRE VOCABULAIRE

Connaissez-vous le terrain de basket?

Le basket

le matériel *equipment*	**le défenseur** *guard*	**marquer (un panier)** *to score*
le terrain *court*	**le remplaçant** *substitute*	*(a basket)*
le panier *basket (hoop)*	**l'arbitre** *(m.) referee*	**le point** *point*
le panneau *board*	**le jeu** *game*	**le score** *score*
le ballon *ball*	**la passe** *pass*	**la faute** *foul*
l'équipe *(f.) team*	**passer** *to pass*	**la pénalité** *penalty*
les joueurs *players*	**le dribble** *dribble*	**l'obstruction** *(f.) obstruction*
l'attaquant *(m.) forward*	**dribbler** *to dribble*	

Les autres sports

le football américain

le football

le tennis

la natation

le patinage artistique

le hockey sur glace

le cyclisme

le golf

l'aérobic

le ski alpin

la gymnastique

94 • LECTURE 13

1 LES SPORTS

Comme Dikembe Mutombo, vous participez à un camp de basket
pour enfants. Vous êtes l'entraîneur (entraîneuse) et vous expliquez
le jeu aux enfants. Pour chaque phrase choisissez le mot correct
du vocabulaire.

1. On joue au basket sur un ＿＿.
2. Comme matériel on a besoin d'un ＿＿ rond.
3. Chaque équipe est composée de dix ＿＿. Ils ne jouent pas tous
   en même temps!
4. Les ＿＿ prennent la place d'autres joueurs durant le match.
5. ＿＿ est la personne qui décide si les joueurs ont fait une faute ou non.
6. L'équipe qui a le plus de ＿＿ gagne le match.

2 LA MAUVAISE JOURNÉE DE ROBERT

Complétez les phrases suivantes avec le verbe approprié. N'oubliez
pas de conjuguer le verbe si nécessaire.

| se souvenir (de) | s'entraîner | se blesser | se moquer (de) | se vexer |

Robert arrive à l'école avec une cravate orange. Son amie Caroline
trouve sa cravate très amusante. Elle n'est pas très gentille et elle
se ＿**1**＿ de lui à cause de sa cravate favorite! Robert se ＿**2**＿ et dit
à Caroline qu'elle est méchante. Plus tard, au cours d'éducation
physique, les élèves s'＿**3**＿ au basket. Puis ils commencent un match.
Robert prend le ballon. Juste avant de marquer un panier, il tombe et
se ＿**4**＿ au genou. Quelle malchance! Le soir, Robert préfère ne pas
se ＿**5**＿ de cette mauvaise journée!

3 AIMEZ-VOUS...?

Dites si vous aimez ou si vous détestez les activités mentionnées.
Dites pourquoi vous aimez ou non ces activités.

1. On joue au basket. Aimez-vous jouer au basket?
2. Je marque des paniers. Aimez-vous marquer des paniers?
3. Mon frère reçoit une pénalité. Aimez-vous recevoir des pénalités?
4. Ma copine fait de la natation. Détestez-vous la natation?
5. Nous nageons à la piscine. Détestez-vous la piscine?
6. Je joue au golf. Détestez-vous le golf?

4 EN VACANCES

Valérie va bientôt partir dans un club de vacances où elle va faire
beaucoup de sports. Elle répond aux questions de son ami Jérôme.
Mettez leur conversation dans le bon ordre.

A) Bonne idée! Allons-y.

B) Qu'est-ce que tu vas faire là-bas?

C) Oui, je joue au tennis.

D) Salut! Oui, je pars au club dans une semaine.

E) Veux-tu jouer avec moi? C'est très amusant!

F) Bonjour, Valérie! Alors, tu es bientôt en vacances?

G) Oh, il y a le choix! Il y a du cyclisme,
de la natation, du tennis...

H) Jérôme, est-ce que tu joues au tennis?

I) Tu vas avoir beaucoup de choses à faire.

5 TROUVEZ LE DIALECTE.

Dikembe Mutombo parle beaucoup de langues et quatre dialectes
africains. Complétez les phrases suivantes pour trouver le nom
d'un dialecte zaïrois que Dikembe Mutombo connaît.

1. Arrivé aux États-Unis, Dikembe Mutombo étudie
   l' _ _ _ _ _ _ _ .
         1

2. La capitale du Zaïre est _ _ _ _ _ _ _ _ .
                                2

3. Aux USA, Dikembe Mutombo est étudiant dans la ville de
   _ _ _ _ _ _ _ _ _ _ .
             3

4. Il y a de la _ _ _ _ _ sur les montagnes au Zaïre.
                       4

5. Pour Dikembe Mutombo, sa _ _ _ _ _ _ _ est très
                                5
   importante.

6. Dikembe Mutombo _ _ _ _ _ _ _ _ _ pour
                                  6
   l'association CARE.

7. Avant le basket, Dikembe a pratiqué les _ _ _ _ -
                                            7
   _ _ _ _ _ _ _ _ .

Le dialecte africain s'appelle le _ _ _ _ _ _ _ .
                                      1 2 3 4 5 6 7

Activité 6 À VOTRE TOUR

Vous êtes journaliste et vous ne pouvez pas trouver les questions de votre interview avec Dikembe Mutombo. Heureusement, vous avez les réponses! Écrivez de nouveau les questions qui donnent les réponses suivantes:

1. Mon nom complet est Dikembe Mutombo Mpolondo Mukamba Jean Jacque Wamutombo.
2. Je viens du Zaïre.
3. Oui, il neige dans les montagnes au Zaïre.
4. Oui, c'est une grande famille. Nous sommes 17 à la maison.
5. Je parle français, anglais, italien, portugais, espagnol et quatre dialectes africains.
6. Je joue avec les Atlanta Hawks.

Activité 7 EXPRESSION PERSONNELLE

Imaginez que vous êtes un(e) athlète professionnel(le). Faites votre propre carte sportive. Écrivez les informations suivantes sur votre carte: nom, profession, position, taille, chaussures, langues, loisirs. Attachez votre photo. Maintenant, vous pouvez échanger vos cartes!

Note CULTURELLE

Le Zaïre (la République démocratique du Congo) est un pays très varié: il y a plus de 200 groupes ethniques au Zaïre. On parle français au Zaïre et des dialectes africains comme le kiswahili et le lingala.

Connaissez-vous des Zaïrois? Par exemple...
- Les Soukous stars (groupe de musique)
- Malik Bowens (acteur)
- Samba Ngo (joueur de guitare)

...et savez-vous que la première équipe de basket féminine d'Afrique à être sélectionnée pour les Jeux Olympiques est du Zaïre?

STRATÉGIES DE LECTURE

● Quand vous lisez une interview, concentrez-vous sur l'échange des idées.

● Essayez de ne pas confondre les participants de l'interview.

À VOUS

Donnez votre opinion personnelle.

1 Le doublage, c'est…

   a. écrire des sous-titres *(subtitles)*

   b. remplacer le dialogue par un autre dialogue dans une nouvelle langue

   c. passer un film à la télévision

2 Pourquoi est-ce qu'on double un film?

   a. pour permettre aux spectateurs d'un autre pays de comprendre le dialogue

   b. pour changer le sujet du film

   c. pour donner du travail aux étudiants

LECTURE 14

HOLLYWOOD
à Montréal

Martin Pensa, 13 ans, et Camille Desmarais, 17 ans, sont deux Canadiens francophones qui habitent à Montréal. Ce sont des professionnels du cinéma, mais personne ne connaît ni leur nom ni leur visage! Pourquoi? Parce que Martin et Camille prêtent[1] leur voix aux acteurs de langue anglaise qu'ils doublent en français. Dans cette interview, ils parlent de leur métier,[2] le doublage de films.

[1]lend   [2]job, work

VOCABULAIRE

le doublage Le doublage est l'action de doubler un film. Cela consiste à enregistrer *(to record)* de nouveaux dialogues dans une langue différente de celle parlée par les acteurs du film.

la série Une série est un film pour la télévision constitué de plusieurs épisodes qui se suivent ou non. «X-Files,» par exemple, est **une série** très populaire aux États-Unis.

le gros plan Dans certaines scènes d'un film, on voit seulement le visage de l'acteur sur l'écran *(screen)*. C'est **un gros plan** sur le visage de l'acteur.

le directeur/la directrice La personne qui dirige, organise et coordonne le doublage d'un film est **le directeur** de doublage.

le générique Au début et à la fin d'un film, on montre la liste des personnes qui ont participé à la réalisation du film. Cette liste s'appelle **le générique.**

le plateau Le plateau est l'endroit *(place)* du studio où les acteurs travaillent.

Q: *Quel a été votre premier doublage?*

Martin: Mon premier grand rôle, c'était le petit garçon dans «L'Homme sans visage» avec Mel Gibson. Après j'ai doublé Elijah Wood dans «Le Bon fils» et aussi dans «La Guerre» avec Kevin Costner.

Camille: Ma première série était une série pour enfants qui s'appelait «Le Petit vampire.» Je crois que c'est une série qui venait de l'Ontario.

Q: *Est-ce que c'est difficile?*

Camille: Ce qui est difficile, c'est de prendre le rythme de l'autre. On n'utilise que notre voix pour nous exprimer. Il faut s'adapter aux expressions faciales de l'autre. Et peut-être les mouvements des lèvres ne coïncident pas du tout. Ça, c'est difficile. En plus, on doit savoir jouer[1] la comédie.

Q: *Combien de temps faut-il pour doubler un film?*

Martin: Si tu as un grand rôle, ça peut prendre trois jours entiers avec neuf heures de doublage par jour. C'est long et difficile, mais j'aime ça. C'est agréable, surtout quand on aime le personnage.

Camille: Ça dépend. Un film comme «Batman» ne prend pas beaucoup de temps parce qu'il n'y a que des exclamations comme «Oof!» Par contre, un film comme «Bugsy» où on parle tout le temps, prend une bonne semaine de travail intensif.

[1]to act

Q: *Votre voix ressemble-t-elle à celle des acteurs que vous doublez?*

Camille: Pas vraiment, non. En fait, ce n'est pas difficile de changer sa voix. On peut parler plus lentement,[1] monter[2] sa voix ou la descendre.[3] On apprend la technique en faisant le doublage.

Martin: Ce n'est pas important. Je connais un individu de trente ans qui fait la voix d'un garçon de douze ans. Moi, j'ai déjà joué un enfant de cinq ans.

Q: *Est-ce que vous allez voir vos films?*

Martin: Ceux qui m'intéressent, oui. Au début, c'était bizarre d'entendre quelqu'un d'autre parler avec ma voix, mais maintenant je trouve ça normal. En fait, je vais rarement voir les films en français, je préfère la version originale en anglais parce qu'il n'y a pas d'erreurs de synchronisation. Si le film est en français, je pense au doublage!

Camille: Moi, c'est pareil. Je préfère voir un film en anglais parce que si je connais les gens qui l'ont doublé, je me dis: «Tiens, c'est Vincent qui parle.» Je ne pense pas aux acteurs.

Q: *Votre nom apparaît-il au générique?*

Camille: Non, sauf pour les dessins animés parce qu'il n'y a pas d'acteurs. C'est sûr que ça flatte l'égo de voir son nom à la télé, mais ça ne me dérange[4] pas vraiment. Je m'entends, ça me suffit!

Martin: C'est un peu frustrant. Mais mes amis reconnaissent ma voix.

[1]slowly   [2]to raise   [3]to lower   [4]bother

ILS DOUBLENT DES VEDETTES AMÉRICAINES

Martin et Nicolas Pensa

"NOTRE AVENTURE AU CINÉMA HOLLYWOODIEN"

Q: *Allez-vous à l'école?*

Camille: Oui, je viens juste de finir le lycée. Maintenant, je vais étudier les langues et la communication. Après je voudrais aller au conservatoire d'art dramatique à Montréal. Mon rêve est d'aller étudier le théâtre aux États-Unis ou en Europe.

Martin: Bien sûr. Le directeur de plateau m'appelle pour savoir quand je suis libre. Je fais du doublage le soir ou pendant les vacances.

Q: *Cela vous apporte-t-il du prestige auprès de vos camarades?*

Martin: Non, je ne suis pas célèbre. Je suis bien payé. J'économise[1] mon argent le plus possible, mais je viens de m'acheter une chaîne stéréo et un ordinateur. C'est un privilège.

Camille: Quand j'étais petite, mes amis étaient impressionnés. Mais plus maintenant. Je suis «normale!»

Q: *Quelle carrière voulez-vous faire?*

Camille: Moi, je veux être actrice. Je veux continuer le doublage aussi. J'aime le mystère. On reste dans l'ombre,[2] ce qui permet d'avoir une vie normale. Personne ne sait que je suis actrice, alors je peux être moi-même[3] tout le temps.

Martin: Le doublage m'aide maintenant et puis c'est un métier si je ne trouve pas de travail plus tard. Mais mon rêve, c'est de travailler dans la musique, peut-être la musique de film.

[1]save　[2]shadow　[3]myself

AVEZ-VOUS COMPRIS?

Répondez par **vrai** ou **faux** aux questions suivantes. Si la phrase
est fausse, donnez la réponse correcte.

	VRAI	FAUX
1. Camille et Martin enregistrent en anglais des dialogues de films.	☐	☐
2. Le doublage n'est pas difficile.	☐	☐
3. Doubler un film peut prendre trois jours.	☐	☐
4. Camille et Martin comptent travailler dans l'industrie du cinéma.	☐	☐

EXPÉRIENCE PERSONNELLE

Vous avez fait la connaissance de Martin et
Camille, deux jeunes qui font le doublage
comme travail. Avez-vous un job? Si oui,
comment est-ce? Est-ce que vous rencontrez
(meet) des gens intéressants? Est-ce que le travail
est intéressant? Est-ce que vous devez *(must)*
travailler dur? Vos collègues sont-ils sympathiques?

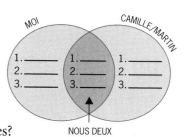

Utilisez un diagramme pour comparer votre travail avec
celui de *(that of)* Camille et Martin.

ENRICHISSEZ VOTRE VOCABULAIRE

Les métiers de l'audiovisuel
careers in film and radio

le cinéma *cinema*
le réalisateur/la réalisatrice *director*
le/la scénariste *scriptwriter*
le maquilleur/la maquilleuse *make-up artist*
l'acteur/l'actrice *actor/actress*
le figurant/la figurante *film extra*
le producteur/la productrice *producer*

la télévision *television*
le présentateur/la présentatrice *anchorperson*
le cameraman *camera operator*
l'animateur/l'animatrice de débat *talk-show host*

les arts graphiques *graphic arts*

le/la graphiste *graphic artist*
le dessinateur/la dessinatrice *illustrator, draftsperson*

le/la photographe *photographer*
le/la publicitaire *advertiser*

Activité 1 LE DOUBLAGE

Vous devez doubler un dessin animé qui illustre une recette canadienne. Mais quand vous arrivez au studio, vous avez un problème: les images et le texte ne coïncident pas!

1. Faites correspondre chaque paragraphe avec l'image appropriée.
2. Remettez *(put)* les images dans l'ordre d'apparition correct.

A. Saupoudrez *(sprinkle)* les pêches au yaourt de granola.

B. Ensuite, versez *(pour)* le mélange yaourt et miel sur les pêches.

C. Commençons. Dans un bol, mélangez le yaourt nature *(plain)* avec un peu de miel.

D. Servez avec des feuilles de menthe pour un petit déjeuner délicieux.

E. Bienvenue! Aujourd'hui, nous allons préparer une recette très simple: les pêches croquantes *(crunchy)*.

1.

2.

3.

4. 5.

C'EST QUEL FILM?

Ces films sont américains, mais leurs titres sont
traduits en français. Est-ce que vous pouvez
deviner les titres originaux anglais?

1. Menteur, menteur
2. Le Patient anglais
3. Le Bossu de Notre-Dame
4. Les Trois mousquetaires

QUI EST-CE?

Ces personnes travaillent à Hollywood. Lisez les paragraphes
et identifiez le métier de chacun *(each)*.

1. Moi, je suis un homme très connu. Je suis beau. J'ai beaucoup
   de talent. Je joue dans plusieurs films et j'ai des milliers de fans
   dans le monde. Je gagne beaucoup d'argent. Vous voulez faire
   un tour dans ma limousine?

2. Je dirige la réalisation du film. Je dis aux acteurs quand ils doivent
   (must) parler et où ils doivent se placer. Je contrôle la lumière
   et les caméras. La journée se termine quand je suis satisfait.
   Moteur! *(Action!)*

3. C'est moi qui maquille les acteurs. Je les rends *(make)* beaux
   ou laids! J'utilise le mascara et le fard à paupières *(eyeshadow)*—
   même pour les hommes! Quand je finis mon travail, les acteurs
   et actrices sont prêts. Voulez-vous du rouge à lèvres?

4. Moi, je filme l'action avec la caméra. J'obéis aux instructions du
   réalisateur. Je fais un gros plan s'il le demande. Attention, je tourne!

À VOTRE TOUR

Quel genre de film aimez-vous? Et la classe? Demandez à vos amis
quels films ils préfèrent et écrivez les réponses sur une feuille
de papier.

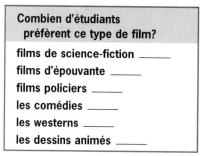

**Combien d'étudiants
préfèrent ce type de film?**

films de science-fiction _____

films d'épouvante _____

films policiers _____

les comédies _____

les westerns _____

les dessins animés _____

Activité 5 — EXPRESSION PERSONNELLE

Quel est votre film favori? Pourquoi est-ce que vous aimez ce film? Décrivez brièvement l'action de ce film. Qui sont les acteurs et actrices principaux? Où est-ce que l'histoire se passe?

> **Le titre du film est...**
> **Les acteurs/actrices sont...**
> **J'aime ce film parce que...**
> **L'endroit où se passe l'action est...**
> **L'action commence quand...**
> **Puis...**
> **Enfin...**

Note CULTURELLE

- Le Québec, la plus vaste province canadienne, est à 80% francophone. Depuis 1977, le français est la seule langue officielle du Québec. Avant 1985, les films américains sortaient *(were released)* uniquement en anglais. Maintenant, la loi *(law)* dit que les films de langue anglaise doivent aussi sortir en français 45 jours après leur sortie *(release)* en anglais. Voici quelques films québécois intéressants:

    Mon Oncle Antoine est l'histoire d'un adolescent québécois dans les années 1940 et sa découverte du monde adulte.

    Louis 19 est un film comique où un homme qui participe à un reality-show est filmé pendant une semaine.

- Le cinéma est une invention française. Deux frères français, Louis et Auguste Lumière, ont inventé le projecteur en 1895. Ils ont montré le premier film de cinéma le 28 décembre 1895 à un public composé de 33 personnes.

CONTES DU MONDE FRANCOPHONE

LA NORVÈGE
LA SUÈDE
LE DANEMARK
L'ALLEMAGNE
LES ÎLES ANGLO-NORMANDES
L'IRLANDE
L'ANGLETERRE
LA FRANCE
LA BELGIQUE
LE LUXEMBOURG
LA POLOGNE
LA SUISSE
LE VAL D'AOSTE
LA RUSSIE
ASIE
EUROPE
MONACO
ANDORRE
LE PORTUGAL
L'ESPAGNE
LA CORSE
LE MAROC
L'ALGÉRIE
L'ITALIE
ISRAËL
LA TUNISIE
L'ÉGYPTE
LE LIBAN
LA CHINE
LA CORÉE DU NORD
LE JAPON
LA CORÉE DU SUD
OCÉAN PACIFIQUE
LA MAURITANIE
LE MALI
LE NIGER
LE TCHAD
L'INDE
LE LAOS
LE CAMBODGE
LE VIÊT-NAM
LE SÉNÉGAL
LA GUINÉE
LE BURKINA FASO
LA CÔTE D'IVOIRE
AFRIQUE
DJIBOUTI
PONDICHÉRY
LA RÉPUBLIQUE CENTRAFRICAINE
LE RWANDA
LE BURUNDI
LES PHILIPPINES
LE TOGO
LE BÉNIN
LE CAMEROUN
LE GABON
LE CONGO
LE ZAÏRE*
LES SEYCHELLES
COMORES
MAYOTTE
L'ÎLE TROMELIN
L'INDONÉSIE
OCÉAN INDIEN
AUSTRALIE
OCÉAN ATLANTIQUE
L'ÎLE MAURICE
LA RÉUNION
MADAGASCAR
L'ÎLE EUROPA
L'ÎLE BASSAS DA INDIA
L'ÎLE AMSTERDAM
L'ÎLE SAINT-PAUL
LES ÎLES CROZET
LES ÎLES KERGUELEN

*République démocratique du Congo
(le Congo démocratique)

LECTURE 15
Le Lion et le chimpanzé, *Gabon*

LECTURE 16
Une Tipingee, deux Tipingee, dix Tipingee, *Haïti*

STRATÉGIES DE LECTURE

● D'habitude les contes ont un dilemme et une morale. Essayez d'identifier ces deux parties du conte.

● Souvent dans les contes les animaux prennent des traits humains. Essayez de comprendre quelle sorte de personne chaque animal représente.

À VOUS

Donnez votre opinion personnelle.

1 Le lion symbolise…

   a. la tristesse
   b. la crainte
   c. la fierté

2 Le chimpanzé est connu pour être…

   a. intelligent
   b. courageux
   c. fort

3 Une fable est…

   a. une histoire longue et complexe
   b. une histoire courte
   c. une histoire en rimes

Note CULTURELLE

La république du Gabon était (was) une colonie française de 1888 à 1960. Le français est la langue officielle du pays. Il y a près de 40 ethnies au Gabon. Les Fangs constituent l'ethnie la plus importante. Les couleurs du drapeau gabonais sont importantes:

   Le vert représente la forêt.
   Le jaune représente le soleil.
   Le bleu représente l'océan.

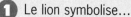

EUROPE

AFRIQUE

Le Gabon

VOCABULAIRE

la pirogue Une **pirogue** est un canoë taillé (carved) dans un arbre.

pêcher **Pêcher** est l'action qui consiste à attraper (to catch) du poisson. On **pêche** dans l'océan, mais aussi dans les lacs et rivières.

l'okoumé Un **okoumé** est un arbre du Gabon. Le bois (wood) de l'**okoumé** est rose et tendre. Il est utilisé pour faire des meubles.

la liane Une **liane** est une plante flexible qui s'accroche (clings) à un arbre. Tarzan utilisait des **lianes** pour se déplacer (to move) d'arbre en arbre.

la pagaie Pour faire avancer la pirogue, on utilise **une pagaie**.

pagayer L'action d'utiliser une pagaie s'appelle **pagayer**. Le pêcheur **pagaie** rapidement pour rentrer vendre son poisson au village.

LE LION ET LE CHIMPANZÉ

Le lion et le chimpanzé habitent dans la forêt au Gabon, près d'un petit village sur la côte de l'océan Atlantique. Ils sont amis et ils ont beaucoup de traits en commun. Par exemple: ils adorent le poisson. Le problème, c'est qu'ils n'en mangent pas souvent parce qu'ils n'ont pas de pirogue. Sans pirogue, il est impossible de pêcher. Chaque fois qu'ils désirent manger du poisson ils sont obligés d'emprunter[1] deux pirogues aux hommes du village. Ceux-ci acceptent bien sûr, car au village, il est normal d'aider ses amis. Mais ils ne sont pas très contents parce que le lion et le chimpanzé prennent leurs pirogues plusieurs fois[2] par semaine. Que va-t-il se passer? Lisez l'histoire!

[1]to borrow   [2]times

LE CHIMPANZÉ ENTEND UNE CONVERSATION

Aujourd'hui encore, le chimpanzé décide d'aller pêcher.
Il part chez un de ses amis humains au village.
Il va à l'intérieur chez son ami quand il l'entend
discuter avec un autre homme dedans.
Le chimpanzé, qui entend l'ami dire
son nom, se met derrière la porte
pour écouter. L'homme dit:
«Ah oui! Le chimpanzé et
le lion sont bien gentils, mais
maintenant ils demandent des
pirogues trois fois par semaine.
Nous, nous pêchons pour
vendre le poisson au marché,
pas pour le plaisir. Ces deux
animaux exagèrent. Pourquoi
n'ont-ils pas de pirogue comme nous

tous?» «Eh oui! C'est vrai. Ils profitent bien de nous,» répond l'autre
homme. Le chimpanzé décide de repartir[1] chez lui sans demander de
pirogue. Toute la nuit, il pense aux paroles des deux hommes. «Oui,
vraiment, pourquoi ne pas avoir ma propre[2] pirogue? C'est plus
pratique,» se dit-il.

LA DÉCISION DES DEUX AMIS

<table>
<tr><td colspan="2">Mots utiles</td></tr>
<tr><td>profiter (de)</td><td>to take advantage (of)</td></tr>
<tr><td>rougir ≠ rugir</td><td></td></tr>
<tr><td>rougir</td><td>to blush</td></tr>
<tr><td>rugir</td><td>to roar</td></tr>
<tr><td>se passer de</td><td>to do without</td></tr>
<tr><td>construire</td><td>to build, construct</td></tr>
</table>

Comprenez-vous?
- Pourquoi le lion est-il irrité?
- Qu'est-ce que les deux amis vont faire maintenant?
- Qu'est-ce qui va se passer, à votre avis?

Le jour suivant, le chimpanzé va chez le lion.
«Ah! Bonne journée,» dit le lion en s'étirant[3] et en
bâillant.[4] «L'océan est certainement calme aujourd'hui.
Pourquoi ne pas aller pêcher?»
«Non, c'est impossible.»
«Quoi?» rugit le lion en secouant sa crinière.[5]
Alors le chimpanzé raconte à son ami ce qu'il a entendu
hier au village.
«Que proposes-tu alors?» demande le lion avec irritation.
Il ne veut pas embêter les hommes du village, mais il ne veut pas
se passer de poisson non plus.
«C'est très simple, répond le chimpanzé, nous allons construire
nos propres pirogues. Comme cela, nous pourrons aller pêcher
quand nous voulons!»
«Oui! Bonne idée!»

[1] to go back   [2] own   [3] stretching   [4] yawning   [5] mane

LES STRATÉGIES DU LION ET DU CHIMPANZÉ

Pour construire une pirogue, il faut un bel arbre. Les deux amis partent dans la forêt chercher deux gros okoumés. Bientôt, chacun a un beau tronc d'arbre devant lui. Le chimpanzé dit: «Aide-moi à transporter mon okoumé au bord de la route, s'il te plaît.»

«Pour quoi faire? Tout le monde va te voir!»

«Exactement. Quand quelqu'un approchera, j'entendrai ce qu'il dit. Comme ça, je peux perfectionner ma pirogue.»

«Ah! Moi, je n'ai besoin de personne pour me dire comment construire une pirogue,» dit le lion.

«Mais tu n'as jamais construit de pirogue avant...»

«Eh bien, non. Mais cela ne peut pas être très difficile: on taille le tronc en forme de pirogue. C'est tout. Moi, je ne veux pas qu'on se moque[1] de mon travail et je déteste l'opinion des autres. Non. Je montrerai ma pirogue quand elle sera[2] finie. Après tout, je suis le lion, le roi des animaux. Je n'ai besoin de personne!»

«Tu es trop fier.[3]»

«Pas du tout. C'est la réalité. Je te dis que je peux trouver tout seul comment on construit une pirogue.»

«Comme tu préfères,» répond le chimpanzé.

Mots utiles	
au bord de la route	to the side of the road
prendre en considération	to take into consideration

LA CONSTRUCTION

Ils travaillent pendant plusieurs jours. Le chimpanzé est au bord de la route et le lion est caché dans la forêt plus loin. Quand le chimpanzé entend quelqu'un approcher, il grimpe[4] vite se cacher dans un arbre. À chaque fois, il écoute attentivement les différentes remarques:

«Oui, c'est bien, mais l'avant[5] n'est pas assez pointu,» dit un passant.

«Cette pirogue a besoin d'être élargie,» dit un autre.

«Il faut égaliser les deux côtés.»

Puis le chimpanzé corrige ses erreurs en prenant en considération ces recommandations.

Le lion, lui, travaille seul. Même le chimpanzé ignore où il est exactement.

Comprenez-vous?
• Qu'est-ce qui se passe? Que fait le chimpanzé?
• Où est le lion exactement? Que supposez-vous qu'il fait?
• Pensez-vous que la pirogue du lion va bien marcher?

[1]make fun   [2]will be   [3]proud   [4]climbs   [5]front

LES PIROGUES SONT PRÊTES!

Enfin, le jour arrive où la pirogue du chimpanzé est prête. Il demande aux hommes du village de venir l'aider à l'apporter[1] sur la plage. Les hommes acceptent avec joie. Quand ils voient la pirogue du chimpanzé, ils s'exclament: «Félicitations, chimpanzé! Quel beau travail! Cette pirogue est superbe! Vraiment, nous sommes surpris de ton talent.»

Puis ils tirent[2] la pirogue jusqu'à la plage avec des lianes. Quand ils arrivent, il est trop tard pour aller pêcher. Le lion, qui n'a pas fait de compliment à son ami, dit aux hommes: «Moi aussi, ma pirogue est prête. Est-ce que vous pourrez l'apporter ici sur la plage demain?»

«Bien sûr, lion.»

Quand les hommes arrivent devant la pirogue du lion le jour suivant, ils se moquent de sa pirogue: «Tu appelles ça une pirogue? C'est un tronc d'arbre avec un trou[3] au centre!» En effet, la pirogue du lion n'est pas élégante. Elle est large et mal taillée. «Elle ne restera jamais sur l'eau! Ce n'est pas une pirogue, c'est une auge![4]» disent les hommes.

Ils suggèrent au lion d'en construire une autre, à l'exemple de la pirogue du chimpanzé. Le lion, vexé, refuse. Il insiste pour qu'ils apportent sa pirogue sur la plage. Les hommes acceptent et tirent le tronc avec difficulté.

Mots utiles	
s'exclamer	to exclaim
faire un compliment à	to compliment
insister pour que	to insist that

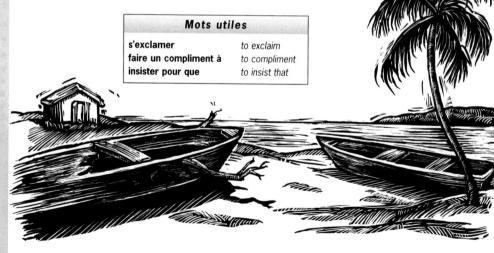

[1]bring it   [2]pull   [3]hole   [4]trough

À LA PÊCHE DANS LES NOUVELLES PIROGUES

Le lendemain matin, tout le village est sur la plage pour
voir les deux nouvelles pirogues. Le chimpanzé monte
dans sa pirogue, donne un grand coup[1] de pagaie et
le voilà parti! En peu de temps, le chimpanzé pêche
une multitude de beaux poissons.

En voyant cela, le lion monte dans sa pirogue, donne
un grand coup de pagaie et... avance de quelques mètres
sur l'océan. Il donne un autre coup de pagaie, encore
un autre et un autre... Il pagaie avec effort. Ce sont
les vagues qui contrôlent la pirogue, pas le lion. Soudain,
une grosse vague apparaît. La pirogue est aussitôt pleine
d'eau. Le lion est en difficulté. Il a les pattes dans l'eau.
Il pagaie encore plus fort pour retourner vers la plage,
mais l'eau continue à monter. En quelques secondes,
le lion et sa pirogue disparaissent dans l'océan.

Mots utiles	
le voilà parti!	*there he goes!*
disparaissent (disparaître)	*to disappear*

Comprenez-vous?

- Les hommes du village préfèrent quelle pirogue? Pourquoi?
- Qu'est-ce qui arrive à la pirogue du chimpanzé?
- Qu'est-ce qui arrive à la pirogue du lion?

UN AMI MOINS FIER

La tête du lion émerge à la surface. Il crie: «Au secours![2]
Au secours! Je ne sais pas nager!»

Le chimpanzé entend ses cris. Vite, il pagaie vers son ami
et le tire de l'océan.

Quand ils approchent de la plage, les habitants du village
sont heureux de voir que le lion est sain et sauf.[3] Ils rient
car le pauvre lion n'a pas l'air fier. Bon ami, le chimpanzé
décide de partager[4] ses poissons avec lui pour le réconforter.
«Merci,» dit le lion.

Avant de rentrer chez lui, il regarde le chimpanzé et
demande humblement: «Dis, chimpanzé, est-ce que tu
peux me montrer comment on construit une pirogue?»
Il n'est jamais trop tard pour demander conseil.[5]

[1] stroke [2] Help! [3] safe and sound [4] to share [5] advice

COMMENT DÉCRIRE LES ANIMAUX?

Voici quelques mots pour vous aider à décrire certains animaux:

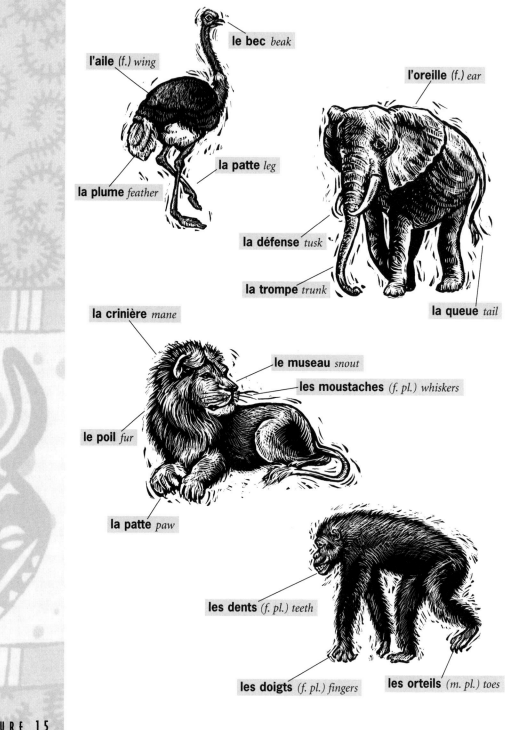

le bec *beak*

l'aile *(f.) wing*

l'oreille *(f.) ear*

la patte *leg*

la plume *feather*

la défense *tusk*

la trompe *trunk*

la queue *tail*

la crinière *mane*

le museau *snout*

les moustaches *(f. pl.) whiskers*

le poil *fur*

la patte *paw*

les dents *(f. pl.) teeth*

les doigts *(f. pl.) fingers*

les orteils *(m. pl.) toes*

AVEZ-VOUS COMPRIS?

Pour chaque question, choisissez la lettre qui correspond à la réponse correcte.

1. Où se passe l'action?
   a. uniquement dans la forêt
   b. dans un bateau
   c. sur la côte gabonaise

2. Qu'est-ce que le chimpanzé entend quand il va au village?
   a. Il entend ses amis parler négativement de lui.
   b. Il entend des hommes parler de pêche.
   c. Il entend ses amis demander une pirogue.

3. Qu'est-ce que le lion et le chimpanzé décident de faire?
   a. Ils décident d'aller au village.
   b. Ils décident de construire chacun une pirogue.
   c. Ils décident de manger plus de poisson.

4. Qui décide de se cacher dans un arbre quand quelqu'un approche?
   a. le chimpanzé
   b. le lion
   c. le passant

5. Comment est la pirogue du lion?
   a. Elle est belle et élégante.
   b. Elle est bien construite.
   c. Elle est laide *(ugly)*.

6. Qu'est-ce que la pirogue du chimpanzé fait sur l'océan?
   a. Elle avance rapidement.
   b. Elle se remplit *(fills)* d'eau.
   c. Elle disparaît sous l'eau.

7. Qu'est-ce que la pirogue du lion fait sur l'océan?
   a. Elle domine les vagues.
   b. Elle coule *(sinks)*.
   c. Elle marche plus vite que la pirogue du chimpanzé.

8. Qu'est-ce que le lion décide de faire à la fin?
   a. de construire une nouvelle pirogue
   b. d'emprunter la pirogue du chimpanzé
   c. de donner des conseils au chimpanzé

ENRICHISSEZ VOTRE VOCABULAIRE

La vie sauvage (wildlife)

Beaucoup d'animaux d'Afrique sont en péril. Voici une liste d'animaux sauvages africains menacés de disparition.

le guépard *cheetah*
le gorille *gorilla*
le léopard *leopard*
le rhinocéros *rhinoceros*
le chimpanzé *chimpanzee*

l'éléphant (*m.*) *elephant*
l'antilope noire (*f.*) *black antelope*
le zèbre de montagne *mountain zebra*
la panthère *panther*

Voici quelques animaux sauvages d'Afrique qui ne sont pas en péril:

la gazelle *gazelle*
la girafe *giraffe*
l'hippopotame (*m.*) *hippopotamus*

le buffle *buffalo*
l'autruche (*f.*) *ostrich*
le singe *monkey*

Protégez (*Protect*) | **notre Terre!** (*our Earth*)
| **le rhinocéros!**
| **le zèbre!**

Sauvez (*Save*) | **les espèces** (*f. pl.*) (*species*)
| **les animaux**
| **les mammifères** (*m. pl.*) (*mammals*)

menacé(e)s de disparition!
(*threatened with extinction*)
en péril!
en danger!

EXPÉRIENCE PERSONNELLE

Vous venez de lire l'histoire «Le Lion et le chimpanzé.» Maintenant vous savez que les animaux ont des personnalités. Est-ce que vous avez un animal à la maison? Si non, pensez à un animal que vous aimeriez (*would like*) avoir. Dans un diagramme écrivez toutes les caractéristiques de cet animal.

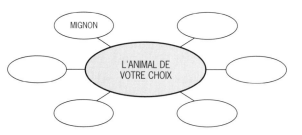

MIGNON

L'ANIMAL DE VOTRE CHOIX

QUI SUIS-JE?

Les animaux parlent! Lisez les descriptions et devinez le nom de l'animal qui parle.

1. Je suis gros et gris. Je mange de l'herbe *(grass)*. Ma peau est grise et très sèche *(dry)*. Je suis tranquille et très doux. Mais attention! Je suis très grand et très fort! Qui suis-je?

2. Moi aussi, je suis gros, mais j'aime l'eau. En fait *(in fact)*, mon nom veut dire «le cheval de rivière» en grec *(Greek)*! Je peux rester sous l'eau pendant dix minutes, et je peux vivre jusqu'à l'âge de 50 ans! Qui suis-je?

3. Je suis beige avec des taches *(spots)* brunes. J'ai les dents pointues. J'aime bien dormir pendant la journée dans les arbres. Il fait chaud dans la savane! Je ne cours pas aussi vite que le guépard, mais j'aime courir! Qui suis-je?

4. Moi aussi, je suis beige avec des taches brunes. Mais moi, j'ai le cou très long! Je mange des feuilles *(leaves)* d'arbre. Je cours assez vite (mais pas aussi vite que l'antilope!). Qui suis-je?

LE MOTS CROISÉS

Lisez les définitions et complétez le mots croisés. (N'écrivez pas les accents.)

HORIZONTALEMENT

5. Nom donné à la jambe d'un animal
7. Cet animal a un très long cou
9. C'est un gros singe très fort
12. Ce qu'il y a sur le corps d'un oiseau
13. Ce singe est le héros de l'histoire présentée dans ce chapitre
14. C'est un énorme animal qui a de courtes pattes, une très grande gueule *(mouth)* et qui aime se baigner
15. Nom donné au long nez de l'éléphant
16. Grande dent de l'éléphant

VERTICALEMENT

1. Nom donné au «nez» d'un oiseau
2. Elle permet à un oiseau de voler *(to fly)*
3. Elle ressemble à un gros chat, mais elle est dangereuse
4. Sorte de cheval noir et blanc
6. Cet énorme oiseau a de belles plumes, mais il ne vole pas
8. C'est le plus gros animal de la jungle
10. Il est gros et lourd et il a une défense sur le nez
11. C'est aussi une sorte de chat, mais son corps est tacheté *(spotted)*

3 AU ZOO

Imaginez que vous travaillez au zoo pendant les vacances d'été. Votre prof de français vous demande d'écrire un petit article qui parle des animaux sauvages. Pour commencer, répondez aux questions par des phrases complètes.

1. Quel animal a une trompe?

2. Qu'est-ce que les singes aiment manger?

3. De quelles couleurs sont les zèbres?

4. Comment sont les girafes?

5. Quels sont cinq animaux d'Afrique en péril?

4 À QUEL ANIMAL RESSEMBLEZ-VOUS?

Êtes-vous fier/fière comme le lion ou connaissez-vous vos limites comme le chimpanzé? Acceptez-vous les conseils ou préférez-vous chercher des solutions seul(e)? Faites ce test de personnalité pour le savoir.

1. Vous avez un problème difficile. Que faites-vous?
   a. Vous téléphonez à un(e) ami(e).
   b. Vous trouvez la solution seul(e).
   c. Vous laissez le problème pour le moment.

2. Vous partez en France dans huit jours. Que faites-vous avant de partir?
   a. Vous cherchez des informations utiles.
   b. Vous allez dire au revoir à tous vos amis.
   c. Vous contactez vos amis en France.

3. Quel job vous attire le plus?
   a. secrétaire
   b. peintre *(painter)*
   c. psychologue

4. Quelle phrase préférez-vous?
   a. Il faut savoir donner pour recevoir.
   b. Chacun pour soi. *(Every man for himself.)*
   c. Quand on veut, on peut.

5. Vous avez un problème avec votre petit(e) ami(e). Que faites-vous?
   a. Vous discutez du problème.
   b. Vous ne dites rien à personne.
   c. Vous cherchez des conseils des articles dans les magazines.

Résultats

Majorité de a: Comme le chimpanzé, vous connaissez très bien vos limites. Vous pensez qu'il n'y a pas de honte *(shame)* à admettre que vous avez besoin d'aide.

Majorité de b: Vous êtes comme le lion, très sûr(e) de vous. C'est une qualité, mais essayez de faire plus confiance *(trust)* à vos ami(e)s. Ils (Elles) sont là pour vous aider!

Majorité de c: Vous êtes chimpanzé ou lion, selon *(according to)* la nature du problème. Vous savez demander des conseils, mais vous ne les écoutez pas toujours. De temps en temps, vous préférez donner des conseils plutôt que *(rather than)* d'en recevoir.

5 À VOTRE TOUR

La Terre a besoin de beaucoup d'aide! Qu'est-ce que vous pouvez faire pour sauver la Terre? Vous pouvez faire des suggestions supplémentaires.

1. Identifiez les espèces menacées de disparition dans votre état *(state)*. Connaissez-vous ces animaux? Qu'est-ce que vous pouvez faire pour protéger ces espèces? Les organisations comme Audubon peuvent vous conseiller *(advise)*.

2. Ramassez *(pick up)* les déchets *(trash)*. Ne gaspillez pas *(don't waste)* l'eau. Conservez l'électricité. Marchez ou faites du vélo au lieu de *(instead of)* prendre l'auto. Recyclez le verre, le plastique, le métal et les journaux.

3. Occupez-vous bien *(take good care)* de vos animaux domestiques.

4. Donnez votre temps gratuitement *(free)* à «l'organisation verte» de votre choix.

5. Visitez les sites sur l'Internet, comme **The National Audubon Society** et **Greenpeace.**

6 EXPRESSION PERSONNELLE

Qu'est-ce que vous faites pour...

| Pour protéger la Terre, je. . . | → | 1. |

A. protéger l'environnement?
B. conserver les ressources de la Terre?
C. sauver les animaux en danger dans votre région?

| 4. | ← | 3. | ← | 2. |

Faites une liste de toutes les choses que vous faites pour protéger la Terre. Vous occupez-vous d'un projet spécial? Par exemple, aimez-vous recycler les choses? Mettez toutes ces activités dans un organigramme.

Note CULTURELLE

Albert Schweitzer au Gabon
Le Français Albert Schweitzer était *(was)* un médecin célèbre. Il a fondé un hôpital à Lambaréné, au Gabon. Schweitzer était aussi musicien et philosophe.
Il a gagné le prix Nobel de la paix *(peace)* en 1952.
Il est mort *(died)* au Gabon en 1965.

UNE TIPINGEE,  DEUX TIPINGEE, DIX  TIPINGEE

STRATÉGIES DE LECTURE

● Lisez le titre de chaque paragraphe. Essayez de comprendre qui est Tipingee et ce qu'elle fait.

● Pensez à tous les contes que vous connaissez déjà. Concentrez-vous sur les similarités et les différences entre eux.

À VOUS

Donnez votre opinion personnelle.

1 Un exemple de conte est...

   a. Roméo et Juliette

   b. La Belle et la Bête

   c. Hamlet

2 Vous employez une ruse pour...quelqu'un.

   a. récompenser

   b. aider

   c. tromper

3 Il y a une frontière entre Haïti et...

   a. la République Dominicaine

   b. les États-Unis

   c. le Cuba

Note CULTURELLE

Il y a beaucoup de contes qui viennent d'Haïti. Haïti est un pays tropical situé aux Antilles, près de Porto Rico. Dans ce pays, les raconteurs *(storytellers)* présentent les contes en public. Souvent, le public chante et danse certains passages avec le raconteur. C'est très animé!

AMÉRIQUE DU NORD

Haïti

AMÉRIQUE CENTRALE

VOCABULAIRE

heureux/heureuse On est **heureux** quand on n'a pas de problèmes et quand on vit *(lives)* dans le bonheur *(happiness)*.

triste Quand vous recevez de mauvaises nouvelles, vous êtes **triste**.

fâché/fâchée Si le chien mange vos devoirs, vous serez *(will be)* **fâché(e)** contre lui et vous le punirez.

seul/seule On est **seul(e)** quand on est l'unique personne à faire quelque chose ou à être présent.

satisfait/satisfaite L'élève est content parce qu'il a réussi à son examen. Il est **satisfait** de ses résultats.

furieux/furieuse On est **furieux** quand on est très en colère *(angry)*. Vous êtes **furieux** si quelqu'un abîme *(damages)* votre vélo!

Un tableau de P. René,
un peintre haïtien.

T ipingee n'est pas heureuse. Son père est
mort[1] et maintenant elle habite chez Arielle,
sa belle-mère. À la maison, Tipingee travaille
beaucoup, mais sa belle-mère ne la remercie
jamais. Tipingee est très triste car Arielle
ne l'aime pas. Heureusement, Tipingee est
courageuse et elle a beaucoup d'amies.

[1]dead

Mots utiles	
remercier	*to thank*
ne...jamais	*never*

Un cadre fait avec du métal
récuperé sur des vieilles autos.

La belle-mère offre une récompense

Arielle regarde un homme entrer sans
permission dans sa petite plantation de bananes.
Elle crie: «Au voleur![1] Au voleur!»

Un autre homme arrive. Il est âgé. «Qu'est-ce
qui se passe?» dit-il. Arielle répond: «Il y a
un voleur dans ma plantation de bananes.
Aidez-moi![2] Aidez-moi!»

L'homme répond: «Je vais vous aider, mais
je désire être payé. Est-ce que vous pouvez me
donner une récompense?[3]»

Arielle dit: «Bien sûr.»

Puis, il va dans la plantation d'Arielle et chasse
le voleur. Après, il va chez Arielle et dit:
«Et maintenant, payez-moi.»

– Voilà...je vous paie avec des bananes.

– Des bananes! Ah, non! Ce n'est pas assez!

– Eh, bien...je vois que vous êtes assez âgé,
monsieur. Vous avez certainement du mal à
travailler à la maison, n'est-ce pas? Alors, je vous
donne une servante.

– Une servante? Est-ce qu'elle aime travailler?

– Oui.

– Mais qui est-ce?

– Ma belle-fille,[4] Tipingee.

– C'est vrai que j'ai besoin de quelqu'un pour
m'aider...Alors, c'est d'accord. Où est-elle?

– Elle n'est pas à la maison maintenant.
Mais allez demain à midi sur la place du marché.
Appelez son nom et elle va partir avec vous. Vous
la reconnaîtrez facilement parce qu'elle porte
un bracelet de cuir[5] noir au poignet[6] gauche.

[1]Thief! [2]Help me! [3]reward [4]stepdaughter

[5]leather [6]wrist

Tipingee a une idée

L'homme sort de la maison, satisfait. Arielle aussi est heureuse parce qu'elle déteste Tipingee. Mais elle ne sait pas que Tipingee a écouté toute la conversation! Pauvre Tipingee, depuis[1] la mort de son père, Arielle est très cruelle envers elle. Elle répète qu'elle n'est bonne à rien. L'unique plaisir dans la vie de Tipingee est l'école. Elle est bonne élève et elle a beaucoup d'amies. Tipingee a une idée. Elle part vite chez ses amies. Ensemble, elles préparent une ruse.

La ruse des filles

Le jour suivant, l'homme est sur la place du marché à midi. Il voit une fille qui porte un joli bracelet de cuir noir au poignet. Il voit deux filles qui portent un bracelet de cuir noir, trois, quatre filles qui portent un bracelet de cuir noir! «Qui est Tipingee?» demande-t-il, stupéfait.

«Je suis Tipingee,» dit une fille. Une autre répète: «Je suis Tipingee.» Une autre aussi. Quatre filles disent: «Nous sommes Tipingee.» Puis elles chantent: «Je suis Tipingee. Tu es Tipingee. Nous sommes Tipingee. Je suis Tipingee. Tu es Tipingee. Nous sommes Tipingee!»

L'homme est furieux. Il va chez Arielle. Il crie: «Où est Tipingee? Où est ma servante?»

«Calmez-vous,» dit Arielle, très fâchée. «Allez demain midi devant l'église. Je vais couper[2] les cheveux de Tipingee ce soir. Elle sera la seule fille avec un bracelet de cuir noir et des cheveux courts. Appelez son nom et elle va partir avec vous.»

Elle ignore que Tipingee, prudente, est aussi de retour à la maison. Dans sa chambre, elle écoute sa belle-mère. Puis, vite, elle part chez ses amies!

Une sculpture en bois haïtienne.

Mots utiles	
stupéfait	*dumbfounded*
calmez-vous	*calm down*
être de retour	*to be back*

[1] since   [2] to cut

Un masque haïtien en cuir.

Six amies

Le jour suivant, l'homme arrive devant la petite église. Qu'est-ce qu'il voit? Une fille avec un bracelet de cuir noir et des cheveux courts.

Deux, trois, six filles avec un bracelet de cuir noir et des cheveux courts! «Tipingee! Qui est Tipingee?» demande-t-il. Une fille répond: «Je suis Tipingee,» puis une autre, puis quatre autres. Elles dansent et chantent: «Je suis Tipingee. Tu es Tipingee. Nous sommes Tipingee. Je suis Tipingee. Tu es Tipingee. Nous sommes Tipingee!» Rouge de rage, l'homme va chez Arielle.

«Je te donne encore une chance, sorcière![1]» dit-il. «Si demain, Tipingee ne part pas avec moi, c'est toi qui seras ma servante!»

La belle-mère tremble. «Allez demain midi dans ma plantation. Avec son bracelet, ses cheveux courts et un ruban[2] rouge autour[3] du cou, il va être impossible de faire une erreur! Appelez son nom et elle partira avec vous.» L'homme part. Tipingee aussi!

Comprenez-vous?
• Que font les filles maintenant?
• Pourquoi l'homme est-il fâché?
• Pourquoi Arielle a-t-elle peur?
• Que dit Arielle?

[1]witch   [2]ribbon   [3]around

Où est Tipingee?

Le jour suivant, quand il arrive dans la plantation, l'homme voit une fille. Elle a un bracelet de cuir noir, des cheveux courts et un beau ruban rouge autour du cou. «Tipingee?» dit-il.

La fille répond: «Oui, je suis Tipingee.» L'homme est content. Puis, il voit deux autres filles qui arrivent. Elles ont un bracelet de cuir noir, des cheveux courts et un ruban rouge autour du cou aussi. Elles disent: «Nous sommes Tipingee.» Puis trois autres filles arrivent. Puis quatre! «Qui est Tipingee?» demande l'homme. Dix filles avec un bracelet de cuir noir, des cheveux courts et un ruban rouge autour du cou répondent: «Je suis Tipingee. Tu es Tipingee. Nous sommes Tipingee!»

«QUI EST TIPINGEE?» insiste l'homme, enragé.

Elles chantent: «Je suis Tipingee. Tu es Tipingee. Nous sommes Tipingee. Je suis Tipingee. Tu es Tipingee. Nous sommes Tipingee!»

Alors l'homme va chez Arielle et la force à partir avec lui. Maintenant, Arielle est sa servante. Tipingee, elle, habite chez sa meilleure[1] amie. Elle est très heureuse. De temps en temps,[2] elle chante: «Je suis Tipingee. Tu es Tipingee. Nous sommes Tipingee!»

Une belle sculpture haïtienne en bois poli.

[1] best   [2] from time to time

AVEZ-VOUS COMPRIS?

Dites si ce qui est écrit est **vrai** *(true)* ou **faux** *(false).*

	VRAI	FAUX
1. Le père de Tipingee est parti en voyage.	☐	☐
2. Tipingee veut travailler comme servante.	☐	☐
3. L'homme qui aide Arielle est le père de Tipingee.	☐	☐
4. Tipingee va demander de l'aide à ses amies.	☐	☐
5. L'homme offre un bracelet de cuir à Tipingee.	☐	☐
6. Les amies de Tipingee font semblant *(pretend)* de s'appeler toutes Tipingee.	☐	☐
7. Les filles utilisent une ruse pour aider Tipingee à ne pas partir avec l'homme.	☐	☐
8. Vers la fin de l'histoire, Arielle a peur de l'homme.	☐	☐
9. Arielle devient la servante de l'homme.	☐	☐
10. À la fin, Tipingee part habiter chez l'homme.	☐	☐

EXPÉRIENCE PERSONNELLE

Maintenant vous connaissez bien l'histoire de Tipingee et ses amies. Connaissez-vous un conte? Lequel? Quels sont les détails de ce conte? Qui sont les personnages? Où se passe l'action? Servez-vous d'un diagramme pour organiser vos idées. Notez les grands événements ainsi que *(as well as)* les détails.

Écrivez votre conte en utilisant des mots de vocabulaire que vous connaissez déjà. Quand vous avez terminé, lisez votre conte à la classe.

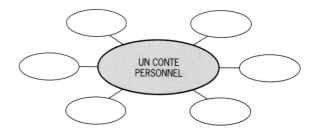

ENRICHISSEZ VOTRE VOCABULAIRE

La famille

les parents *parents*
le père *father*
la mère *mother*

les enfants *children*
le fils *son*
la fille *daughter*
le frère *brother*
la soeur *sister*
le cousin *cousin (boy)*
la cousine *cousin (girl)*

l'oncle *(m.)* *uncle*
la tante *aunt*

le neveu *nephew*
la nièce *niece*

les grands-parents *grandparents*
la grand-mère *grandmother*
le grand-père *grandfather*
les petits-enfants *grandchildren*
le petit-fils *grandson*
la petite-fille *granddaughter*

les beaux-parents *stepparents, in-laws*
le beau-père *stepfather, father-in-law*
la belle-mère *stepmother, mother-in-law*

les beaux-enfants *stepchildren*
le beau-fils *stepson, son-in-law*
la belle-fille *stepdaughter, daughter-in-law*
le demi-frère *stepbrother*
la demi-soeur *stepsister*

les parents adoptifs *adoptive parents*
la mère adoptive *adoptive mother*
le père adoptif *adoptive father*

les enfants adoptifs *adoptive children*
le fils adoptif *adoptive son*
la fille adoptive *adoptive daughter*

Activité 1 QUEL CONTE?

Savez-vous que les contes en anglais existent aussi en français?
Connaissez-vous les titres français de ces contes? Faites correspondre
les titres anglais aux titres français.

A. Le Petit Chaperon Rouge

B. Le corbeau et le renard

C. Cendrillon

D. Blanche Neige

E. La Belle et la Bête

F. Alice au pays des merveilles

G. Barbe-Bleue

1. Snow White

2. Bluebeard

3. Beauty and the Beast

4. Little Red Riding Hood

5. Alice in Wonderland

6. The Fox and the Crow

7. Cinderella

Activité 2 LA CONFUSION

Hier, votre copine a essayé de vous raconter une fable très connue.
Mais elle s'est trompée *(made a mistake)*! Vous avez les détails de
l'histoire, mais pas dans le bon ordre. Mettez l'histoire dans le bon
ordre puis devinez le titre de la fable.

A. Le lièvre et la tortue commencent. Le lièvre part à toute vitesse.
Après une minute, il a plus de 100 mètres d'avance sur la tortue.
La tortue respire *(breathes)* avec difficulté.

B. Au bout d'un moment, le lièvre se réveille. Vite, il va sur la route.
Il ne sait pas où il est. Devant lui, au loin *(in the distance),* il voit
la tortue qui gagne la course.

C. Le lièvre voit que la tortue est en difficulté. Il est sûr qu'il va
gagner. Le lièvre s'arrête pour déjeuner.

D. Un jour, le lièvre et la tortue décident de faire une course pour
voir qui est le plus rapide *(fastest).*

E. Après un bon repas, le lièvre a sommeil. La tortue, qui court
toujours *(still),* voit le lièvre endormi *(asleep)* contre un arbre.
La tortue continue.

3 LES MOTS AMIS

Ces mots français du texte ressemblent aux mots anglais. Trouvez-les dans le puzzle. Regardez dans tous les sens! (Note: il n'y a ni articles ni accents dans le puzzle.)

BANANE	HISTOIRE
CRUELLE	IDÉE
DANSER	PERMISSION
DÉTESTER	PROBLÈME
FORCER	RAGE
FURIEUX	RÉCUPÉRER

```
X F U R I E U X R Z
N O I S S I M R E P
E R I O T S I H R I
B C P R W Z K O E R
D E N A N A B L P E
C R U E L L E I U S
K Y G U E D Z D C N
U A N M Y W L E E A
R D E T E S T E R D
M G L G F I H J O D
```

4 LA FAMILLE DE JÉRÔME

De qui est-ce que Jérôme parle? Lisez les phrases et regardez l'arbre généalogique. Décidez quel membre de la famille est décrit.

Modèle: Amélie est la mère de mon père. C'est ma **grand-mère**.

1. Marc est le fils de mon oncle Carl. Marc est mon _____.

2. Isabelle est la fille de ma mère. Isabelle est ma _____.

3. Paul est le père de mon père. Paul est mon _____.

4. Ma mère s'est remariée *(remarried)* l'année dernière. Son mari s'appelle David. C'est mon _____.

5. Mon grand-père a trois enfants. Il y a mon père, mon oncle Carl et Cécile. Cécile est ma _____.

6. Je suis le _____ de Cécile.

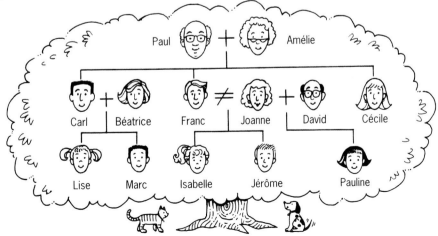

Activité 5 · QUE DISENT-ILS?

Imaginez que les personnages du conte de Tipingee existent dans le réel. Dans les dialogues imaginaires qui suivent *(follow),* devinez le nom du personnage qui parle.

| **Tipingee** | **l'homme âgé** | **Arielle** |

les amies de Tipingee   **le voleur de bananes**

1. —Oh là là, que j'ai faim! Regardez, cette plantation a plein de bananes et personne ne me regarde...

2. —J'ai besoin de quelqu'un pour m'aider à nettoyer le linge, s'occuper de la plantation, préparer les repas, balayer *(sweep)* le sol...

3. —Où est Tipingee? On va sortir...Nous sommes heureuses qu'elle n'habite plus chez Arielle!

4. —Je suis vieux et je n'ai pas beaucoup d'argent. Savez-vous où je peux trouver du travail?

5. —J'ai beaucoup de devoirs ce soir! Heureusement que j'aime l'école. Et mes amies sont vraiment généreuses. Quelle chance!

Activité 6 · À VOTRE TOUR

1. Vous allez composer un conte avec un(e) partenaire. Écrivez une phrase pour commencer votre histoire. Puis votre partenaire va ajouter une autre phrase. Vous continuez jusqu'à ce que le conte soit fini. Chaque phrase doit être logique, mais pas nécessairement réaliste! Utilisez votre imagination. Vous pouvez aussi illustrer votre conte.

2. Lisez la situation suivante et choisissez la réponse qui correspond le mieux *(best)* à votre opinion personnelle. Expliquez pourquoi.

   Chez vous, vous entendez par hasard vos parents discuter. Comme vous réalisez qu'ils parlent d'un problème qui vous concerne, vous écoutez leur conversation. Que faites-vous ensuite?

   • Vous ne dites rien à personne.
   • Vous dites à vos parents que vous avez entendu leur conversation et que vous désirez discuter du problème avec eux.
   • Vous téléphonez à votre ami(e) et vous lui rapportez en détail la conversation de vos parents.
   • Vous essayez *(try)* de trouver une solution au problème tout(e) seul(e).

7 EXPRESSION PERSONNELLE

Maintenant c'est à vous de créer votre propre arbre généalogique. Regardez l'*Activité 4* pour voir comment dessiner votre arbre. Commencez avec vos grands-parents. N'oubliez pas vos oncles, vos tantes et vos cousins. Vous pouvez même mettre vos animaux domestiques!

Note CULTURELLE

Beaucoup d'Haïtiens habitent aux États-Unis où ils ont fondé des communautés, comme «Little Haiti» à Miami. La plus grande communauté haïtienne est à Brooklyn, New York. Voici quelques exemples de journaux haïtiens. Est-ce que vous comprenez les mots?

À Haïti, on parle français et créole.

LES RÉPONSES CORRECTES

Note: As a general rule, answers will not be given for the following activities:
EXPÉRIENCE PERSONNELLE, À VOTRE TOUR and EXPRESSION PERSONNELLE.

LECTURE 1

AVANT DE LIRE

À vous *p. 2*
1. vrai   2. vrai   3. vrai

APRÈS LA LECTURE

Avez-vous compris? *p. 5*
1. Internet
2. Informations
3. 3
4. Université de Casablanca
5. le Rwanda

Activité 1 *p. 6*

1. f	3. j	5. c	7. a	9. e
2. b	4. i	6. g	8. d	10. h

Activité 2 *p. 6*
1. b   2. c   3. b   4. a   5. c

Activité 3 *p. 7*
1. arts
2. politique
3. écologie
4. arts
5. sports
6. arts

Activité 4 *p. 7*
Answers will vary.

LECTURE 2

AVANT DE LIRE

À vous *p. 8*
1. vrai   2. faux   3. vrai

APRÈS LA LECTURE

Avez-vous compris? *p. 11*
1. Participer au match de finale de la Coupe du Monde de football.
2. Yamina Girou
3. Le ski, le hockey, les ordinateurs, la science-fiction, les jeux vidéo, surfer sur l'Internet.
4. Cayenne, Guyane française (Amérique du Sud)

Activité 1 *p. 12*

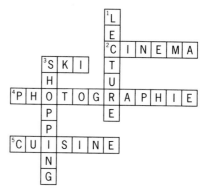

Activité 2 *p. 12*

1. g	3. a	5. h	7. d
2. f	4. c	6. b	8. e

Activité 3 *p. 13*
1. b. le Canada
2. d. l'Italie
3. g. Haïti
4. f. la Martinique
5. h. le Sénégal
6. a. l'Allemagne
7. c. le Mexique
8. e. la Chine

(Lecture 2 cont.)

Activité 4 *(answers for flags)* *p. 13*

la France	• bleu, blanc et rouge
le Canada	• rouge et blanc
le Viêt-nam	• rouge et jaune
Haïti	• bleu, blanc, rouge, vert et jaune
le Sénégal	• vert, jaune et rouge
la Suisse	• rouge et blanc

LECTURE 3

AVANT DE LIRE

À vous *p. 14*
1. vrai   2. vrai   3. faux   4. faux

Text *p. 15*
Le jour préféré de Sylvain est le mercredi.
Il n'a pas de cours.

APRÈS LA LECTURE

Avez-vous compris? *p. 16*
1. au Poney-club
2. délégué de classe
3. la chimie
4. à 12:30 (midi et demi)

Activité 1 *p. 18*
Answers will vary.

Activité 2 *p. 18*
1. informatiqu**e**
2. **c**himie
3. math**é**matiques
4. bio**l**ogie
5. gé**o**graphie
Le mercredi après-midi, les français ne vont
pas à l'**école**.

Activité 3 *p. 19*
1. le conseiller d'orientation
2. la musique
3. la cantine
4. la salle de sport
5. la bibliothèque

LECTURE 4

AVANT DE LIRE

À vous *p. 20*
1. vrai 2. faux 3. vrai

APRÈS LA LECTURE

Avez-vous compris? *(Sample answers) p. 23*
1. Caroline Clément étudie au lycée.
2. Il existe 12 variétés de bananes en Martinique.
3. Kevin Marks aime le basket.
4. André Péchain habite en Martinique.

Expérience Personnelle *(Answers for Caroline) p. 23*
1. vrai   3. faux   5. faux   7. faux   9. vrai
2. vrai   4. vrai   6. vrai   8. faux   10. faux

Activité 1 *p. 25*
1. joue
2. gagnons
3. skions
4. patine
5. étudie
6. prépare
7. surfons
8. envoyons

Activité 2 *p. 25*
1. photographient
2. chantent
3. nage
4. jouons
5. dansent
6. regardez

Activité 3 *p. 26*
Answers will vary.

Activité 4 *p. 26*
Answers will vary.

LECTURE 5

AVANT DE LIRE

À vous *p. 28*
1. b   2. a   3. b

APRÈS LA LECTURE

Avez-vous compris? *p. 31*
1. le Têt
2. 12
3. passionné, dominateur, énergique
4. patient, travailleur, stable

Activité 1 *p. 32*
1. le chat
2. le serpent
3. la chèvre
4. le rat
5. le buffle

Activité 2 *p. 32*
Answers will vary.

Activité 3 *p. 33*
Answers will vary.

AVANT DE LIRE
À vous *p. 34*
1. c   2. b   3. c

APRÈS LA LECTURE
Avez-vous compris? *p. 37*
1. a   2. c   3. b   4. b

Activité 1 *p. 38*

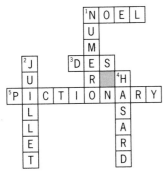

Activité 2 *p. 38*
1. faux - Le stéthoscope est une invention française.
2. vrai
3. vrai
4. faux - Les frères américains Wright sont les inventeurs de l'avion.
5. vrai
6. vrai

Activité 3 *p. 38*
1. Monopoly®   3. jeu vidéo
2. cartes   4. dé

AVANT DE LIRE
À vous *p. 40*
1. a   2. b   3. b

APRÈS LA LECTURE
Avez-vous compris? *p. 43*
1. c   2. b   3. b   4. b

Activité 1 *p. 45*
1. librairie, bibliothèque
2. journée
3. lecture
4. patron, stage
5. football
6. standing

Activité 2 *p. 45*
- Âllo?
- Oui, bonjour. Est-ce que Sophie est là, s'il vous plaît?
- Non, elle n'est pas là.
- Je peux laisser un message pour elle?
- Oui, bien sûr. Qui est à l'appareil?
- Je m'appelle Stephen Kahn.
- Et votre message?
- S'il vous plaît, dites-lui que j'arrive en France la semaine prochaine.
- Très bien. Je vais lui donner votre message.
- Merci, mademoiselle. Au revoir.
- Au revoir, monsieur.

Activité 3 *p. 46*
1. b   3. a   5. b
2. a   4. c   6. c

LECTURE 8

AVANT DE LIRE

À vous *p. 48*

1. c   2. a   3. b   4. c

APRÈS LA LECTURE

Avez-vous compris? *p. 52*

1. b   2. b   3. a   4. b

Activité 1 *p. 53*

1. inventeurs
2. inviter
3. dessin
4. joueuse
5. correspondre

Activité 2 *p. 53*

1. La devise des Jeux Olympiques est «plus vite, plus haut, plus fort.»
2. La Coupe du Monde est une compétition internationale de football.
3. Pierre Charles L'Enfant a créé les plans de la ville de Washington.
4. La Tour Eiffel a un bon restaurant.
5. Les Indiens Hurons ont inventé le bandy.
6. Babar est le roi des éléphants.
7. La Statue de la Liberté est la création de Frédéric-Auguste Bartholdi. La Tour Eiffel est la création de Gustave Eiffel.
8. Le saxophone est une invention belge. Le hockey est une invention canadienne.

Activité 3 *p. 54*

1. **d**essins
2. créat**e**ur
3. inven**t**e
4. cor**r**espond
5. j**o**ueurs
6. organi**s**ation
7. habi**t**e

La ville mystère est DETROIT.

(Lecture 8 cont.)

Activité 4 *(Sample answers) p. 54*

a. une chanson, un chanteur, une chanteuse
b. la danse, un danseur, une danseuse
c. l'écriture, un écrivain
d. l'enseignement, une enseigne, un enseignant
e. un travailleur, un travail

Activité 5 *p. 54*

1. La Tour Eiffel est grande et élégante.
2. Le hockey est un sport très populaire au Canada.
3. Les musiciens de jazz jouent du saxophone.
4. Babar est le roi des éléphants.
5. On joue au football avec un ballon rond.

LECTURE 9

AVANT DE LIRE

À vous *p. 56*

Answers will vary.

APRÈS LA LECTURE

Avez-vous compris? *p. 60*

Answers will vary.

Activité 1 *p. 61*

1. a tort
2. aiment
3. préfère
4. avez raison
5. sommes d'accord

Activité 2 *p. 61*

1. c   2. d   3. a   4. e   5. b

Activité 3 *p. 61*

1. Je déteste les carottes.
2. Paul aime la glace.
3. Nicolas et Aline aiment bien les frites.
4. Nous préférons les sandwichs au fromage.
5. Tu n'aimes pas le gâteau au chocolat.

Activité 4 *p. 62*

1. ne dites pas
2. ne dites pas
3. dites
4. ne dites pas

Activité 5 *(Sample answers)* *p. 62*

a. Cinéma ou shopping?
  - Je préfère le cinéma.
  - Moi, je préfère aller faire du shopping.
  - Mais il y a un bon film au cinéma ce soir.
  - Oui, tu as raison, mais j'ai besoin d'acheter un cadeau pour l'anniversaire de ma mère demain!
  - Bon. On peut aller au cinéma le week-end prochain. Je suis d'accord. Faisons du shopping!

(Lecture 9 cont.)

b. Qui est le meilleur?
  - Je pense que Jackie Joyner Kersee est la meilleure athlète.
  - Tu as tort. Michael Jordan est le meilleur athlète.
  - Je préfère Jackie. C'est une championne olympique.
  - Je l'aime bien, mais Michael est un joueur de basket extraordinaire.
  - C'est vrai. Ce sont deux champions extraordinaires!

LECTURE 10

AVANT DE LIRE

À vous *p. 64*
1. a   2. b   3. b

APRÈS LA LECTURE

Avez-vous compris? *(Sample answers)* *p. 67*
1. Les végétarians ne mangent pas de viande.
2. En Martinique, les parfums les plus populaires sont le fruit de la passion, l'ananas et la goyave.
3. Il existe près de 75 variétés de fruits et légumes en Martinique.
4. Le blaff est du poisson au citron vert.

Activité 1 *p. 69*
1. **p**oulet
2. pla**t**
3. **b**eurre
4. **o**eufs
5. ana**n**as
6. l**é**gumes
7. sauci**s**ses
8. bif**t**eck
9. **p**oire
10. ma**ï**s

L'expression est **«Bon appétit!»**

Activité 2 *p. 69*
1. a   2. c   3. c   4. c

Activité 3 *p. 70*
1. végétarien
2. sac / plastique
3. riz
4. viandes
5. robot ménager

Activité 4 *p. 70*

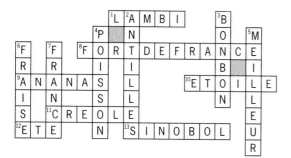

LECTURE 11

AVANT DE LIRE

À vous *p. 72*
1. c   2. b   3. b

APRÈS LA LECTURE

Avez-vous compris? *p. 78*
1. incorrecte - On ne doit pas utiliser le prénom d'une personne âgée qu'on ne connaît pas bien. On doit dire M. Brossard.
2. incorrecte - Les chrysanthèmes sont des fleurs pour les cimetières. On doit offrir des fleurs différentes.
3. incorrecte - Il ne doit pas utiliser «tu». Il doit dire «Où travaillez-vous?»
4. correcte
5. correcte

Activité 1 *p. 79*
1. désagréable
2. mal élevée
3. désobéissante
4. impolie
5. méchante

Activité 2 *p. 79*
1. **d**ate
2. **n'**utilisez
3. ta**p**ez
4. écri**v**ant
5. **ro**uge

N'oubliez pas d'écrire PAR AVION sur votre enveloppe!

Activité 3 *p. 79*
1. remplir
2. rire
3. frapper
4. jeter

Activité 4 *(sample answers)* *p. 80*
1. Elle donne des fleurs à la mère.
2. Elle coupe sa part de fromage avec un couteau.
3. Elle garde les mains sur la table.
4. Elle propose son aide à l'hôtesse pour débarrasser la table.

Activité 5 *p. 80*
Answers will vary.

LECTURE 12

AVANT DE LIRE
À vous p. 82
1. b   2. c   3. b

APRÈS LA LECTURE
Avez-vous compris? p. 85
1. b   2. a   3. b   4. c

Activité 1 p. 87
1. enregistrer   3. baladeur
2. paroles   4. musique classique

Activité 2 p. 87
1. d   3. a   5. c
2. e   4. f   6. b

Activité 3 p. 87
1. compose   4. concert
2. paroles   5. hit-parade
3. chante

Activité 4 p. 88
- Michael Jordan et Larry Bird jouent au basket.
- Elton John joue du piano.
- Martina Navratilova et André Agassi jouent au tennis.
- Elvis Presley joue de la guitare.
- Bobby Orr joue au hockey.

Activité 5 p. 88

LECTURE 13

AVANT DE LIRE
À vous p. 90
1. vrai   2. vrai   3. faux   4. vrai

APRÈS LA LECTURE
Avez-vous compris? p. 93
1. b   2. a   3. a   4. c

Activité 1 p. 95
1. terrain   4. remplaçants
2. ballon   5. L'arbitre
3. joueurs   6. points

Activité 2 p. 95
1. moque   4. blesse
2. vexe   5. souvenir
3. entraînent

Activité 3 p. 95
Answers will vary.

Activité 4 p. 96
1. F   3. B   5. I   7. C   9. A
2. D   4. G   6. H   8. E

Activité 5 p. 96
1. anglais   5. famille
2. Kinshasha   6. travaille
3. Washington   7. arts martiaux
4. neige
Le dialecte africain s'appelle le LINGALA.

Activité 6 (Sample answers) p. 97
1. Comment vous appelez-vous?
2. D'où venez-vous?
3. Est-ce qu'il neige au Zaïre?
4. Votre famille, est-ce qu'elle est grande?
5. Quelles langues est-ce que vous parlez?
6. Avec quelle équipe jouez-vous?

LECTURE 14

AVANT DE LIRE
À vous *p. 98*
1. b 2. a

APRÈS LA LECTURE
Avez-vous compris? *p. 102*
1. faux - Camille et Martin enregistrent en français des dialogues de films.
2. faux - Le doublage est difficile, surtout pour prendre le rythme de l'autre.
3. vrai
4. vrai - Camille compte travailler dans l'industrie du cinéma - elle veut être actrice. Le rêve de Martin est de travailler dans la musique de film.

Activité 1 *p. 103*
1. A-4; B-5; C-1; D-3; E-2.
2. Le bon ordre des images est 2, 1, 5, 4, 3.

Activité 2 *p. 104*
1. Liar Liar
2. The English Patient
3. The Hunchback of Notre Dame
4. The Three Musketeers

Activité 3 *p. 104*
1. Je suis l'acteur.
2. Je suis le réalisateur (la réalisatrice).
3. Je suis le maquilleur (la maquilleuse).
4. Je suis le cameraman.

LECTURE 15

AVANT DE LIRE
À vous *p. 108*
1. c 2. a 3. b

APRÈS LA LECTURE
Avez-vous compris? *p. 115*
1. c 3. b 5. c 7. b
2. a 4. a 6. a 8. a

Activité 1 *p. 117*
1. l'éléphant 3. le léopard
2. l'hippopotame 4. la girafe

Activité 2 *p. 117*

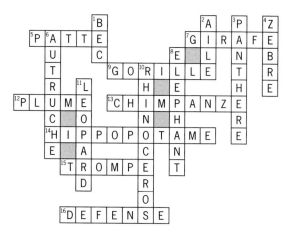

Activité 3 *(Sample answers) p. 118*
1. Un éléphant a une trompe.
2. Les singes aiment manger les bananes.
3. Les zèbres sont noirs et blancs.
4. Les girafes sont grandes et beiges avec des taches brunes. Elles ont un cou très long.
5. Cinq animaux d'Afrique en péril sont l'éléphant, le gorille, la panthère, le léopard et le rhinocéros.

Activité 4 *p. 118*
Answers will vary.

Lecture 16

Avant De Lire

À vous *p. 120*

1. b   2. c   3. a

Après La Lecture

Avez-vous compris? *p. 126*

1. faux   3. faux   5. faux   7. vrai   9. vrai
2. faux   4. vrai   6. vrai   8. vrai   10. faux

Activité 1 *p. 128*

A. 4.   C. 7.   E. 3.   G. 2.
B. 6.   D. 1.   F. 5.

Activité 2 *p. 128*

- Le bon ordre est D, A, C, E, B.
- Le titre de la fable est «Le lièvre et la tortue.»
  ("The Tortoise and the Hare")

Activité 3 *p. 129*

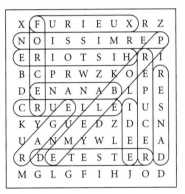

Activité 4 *p. 129*

1. cousin   4. beau-père
2. soeur   5. tante
3. grand-père   6. neveu

Activité 5 *p. 130*

1. le voleur de bananes   4. l'homme âgé
2. Arielle   5. Tipingee
3. les amies de Tipingee

VOCABULAIRE FRANÇAIS-ANGLAIS

This **Vocabulaire** includes all the words and expressions in **IMAGES 1**. (Exact cognates, conjugated verb forms, and proper nouns are generally omitted.) The gender of nouns is indicated by either the definite article (**le** or **la**) or the indefinite article (**un** or **une**). When the article is **l'**, the gender is indicated by (*m.*) for masculine nouns and (*f.*) for feminine nouns. When a noun designates a person, the masculine and feminine forms (if applicable) are listed together. Adjectives with irregular changes are listed in both the masculine and the feminine forms. Verbs are listed in the infinitive form except for some past participles and irregular verb forms.

abîmer   to damage
d'abord   first
l'   **abricot** (*m.*)   apricot
les   **achats** (*m.*)   purchases
acheter   to buy
un   **acteur, une actrice**
      actor, actress
les   **adolescents**   teens
l'   **aérobic** (*m.*)   aerobics
affiché(e)   posted
agressif (agressive)
      aggressive
aider   to assist; to help
Aidez-moi!   Help me!
l'   **aile** (*f.*)   wing
aimable   nice; kind
aimer   to love
aimer bien   to like
ainsi que   as well as
l'   **allemand**   German
alors   so
l'   **amitié** (*f.*)   friendship
s'   **amuser**   to have fun
l'   **ananas** (*m.*)   pineapple
ancien (ancienne)   former
l'   **anglais**   English
un   **animal (des animaux)**
      animal (animals)

un   **animateur, une animatrice**
      de débat   talk-show host
l'   **antilope noire** (*f.*)   black
      antelope
apparenté   similar
un   **appartement**   apartment
un   **appel**   call
apporter   to bring
appris   learned
l'   **arbitre** (*m.*)   referee
l'   **argent** (*m.*)   money
argenté(e)   silvery
Arrêtez-le!   Stop him!
arriver   to happen; to arrive
les   **arts** (*m.*)   arts
les   **arts graphiques**   graphic arts
l'   **as** (*m.*)   ace
assister (à)   to attend
l'   **attaquant** (*m.*)   forward
l'   **aubergine** (*f.*)   eggplant
une   **auge**   trough
autour (de)   around
les   **autres**   others
l'   **autruche** (*f.*)   ostrich
avant   before
l'   **avant** (*m.*)   front
avare   miserly
un   **avis** (*m.*)   opinion
      à mon avis   in my opinion
un   **avocat**   avocado
avoir   to have
      avoir besoin de   to need

avoir lieu   to take place
avoir raison   to be right
avoir tort   to be wrong

le   **baby-foot**   table-top soccer
bâiller   to yawn
bâillant   yawning
le   **baladeur**   walkman
le   **ballet**   ballet
le   **ballon**   ball
une   **banane**   banana
le   **banc**   bench
une   **bande-annonce**   trailer
      (for film)
la   **banlieue**   suburb
la   **banque**   bank
le   **barbacoa**   barbecue
le   **basket**   basketball
un   **basketteur**   basketball player
battre   to beat
le   **beau-fils**   stepson; son-in-law
le   **beau-père**   stepfather,
      father-in-law
les   **beaux-enfants**   stepchildren
les   **beaux-parents**   stepparents,
      in-laws
le   **bec**   beak
la   **belle-fille**   stepdaughter;
      daughter-in-law

la **belle-mère** stepmother;
   mother-in-law
bénir to bless
le **beurre** butter
   beurrer to butter
un(e) **bibliothécaire** librarian
une **bibliothèque** library
   bien élevé(e) well-mannered
   bien sûr of course
à **bientôt** see you soon
le **bifteck** steak
un **billet** ticket
le **bingo** bingo
la **biologie** biology
un(e) **biologiste** biologist
   bisous kisses
le **blaff** typical dish from
   Martinique with fish and lime
   blesser to wound; to injure
   se blesser to hurt oneself
le **boeuf** beef
un **bol** bowl
   bon marché inexpensive; cheap
un **bonbon** candy
le **bonheur** happiness
   Bonne année! Happy New Year!
au **bord de la route** on the side
   of the road
   bouger to move
une **boule** ball
une **boum** party
la **brousse** bush
   Bruxelles Brussels
le **buffle** buffalo
une **bulle** bubble

un **cadeau** gift
se **calmer** to calm oneself down
   Calmez-vous! Calm down!
le **cameraman** camera operator
   canadien (canadienne)
   Canadian
la **canne à sucre** sugarcane

la **cantine** cafeteria
la **carambole** a star-shaped,
   yellow fruit
le **carreau** diamond
une **carte** map; playing card
la **cartouche** cartridge
la **casserole** pan
une **cassette** cassette tape
la **cave** cellar
   celui de that of
   chacun (chacune) each
      chacun pour soi to each
      his own
la **chanson** song
   chanter to sing
un **chanteur, une chanteuse**
      singer
   chasser to chase away
un **chasseur** hunter
   cher (chère) dear; expensive
les **cheveux** hair
la **chimie** chemistry
le **chimpanzé** chimpanzee
le **chinois** Chinese
une **chose** thing
   ci-joint enclosed
le **cinéma** cinema
un(e) **cinéphile** film buff
   cinquième fifth; equiv. to
      7th grade
la **cité** city; town; housing
      development
la **cité universitaire** (student)
      halls of residence
le **clavier** keyboard
le **client** customer
   cliquer to click
le **coeur** heart
en **colère** angry
le **collège** middle school
   comique comic
   comme quoi which goes
      to show that
   composer to compose (music);
      to dial (a phone number)
un **compositeur, une compositrice**
      composer
   comprendre to understand

le **concert** concert
la **confiance** confidence
   confus(e) confused
   connaître to know
      (personal knowledge)
un **conseil** (piece of) advice
   conseiller to advise
un **conseiller, une**
      conseillère d'orientation
      guidance counselor
un **conservatoire** academy
la **console** game system
   construire to build
le **contraire** contrary; opposite
un **coquillage** shellfish
la **correspondance**
      correspondence
un(e) **correspondant(e)**
      correspondent, pen pal
   correspondre to correspond
   corriger to correct
la **côte** coast
le **côté** side
   couler to sink
une **couleur** color
la **Coupe du Monde** World Cup
   couper to cut
la **cour** yard
   courir to run
une **couronne** crown
le **courrier électronique** e-mail
la **course** race
un(e) **cousin(e)** cousin
le **couteau** knife
   couvrir to cover; to put a lid on
un **créateur, une créatrice**
      creator
une **création** creation
   créer to create
   crier to scream
la **crinière** mane
   croire to believe
   croquant(e) crunchy
   cruel(le) cruel
une **cuillère en bois** wooden
      spoon
le **cuir** leather

cuire to cook; to bake
la cuisine cooking
cuisiner to cook
le cyclisme bicycling

la dame queen (cards)
le damier checkerboard
le danger hazard
danser to dance
un dé (des dés) die (dice)
débarrasser to clear up
les déchets *(m. pl.)* trash
défavorisé(e) disadvantaged
la défense (d'un éléphant) tusk (of an elephant)
le défenseur guard
se demander to wonder
le demi-frère stepbrother
la demi-soeur stepsister
les dents *(f. pl.)* teeth
un département department
depuis since
déranger to bother
 ça me dérange that bothers me
dès que as soon as
désagréable unpleasant
descendre to lower; to go down
désobéir (à quelqu'un) to disobey (someone)
désobéissant(e) disobedient
un dessert dessert
un dessin drawing
un dessinateur, une dessinatrice illustrator; draftsperson
dessiner to draw
détester to hate
devenir to become
deviner to guess
une devise motto
devoir to have to (do something)

devez (you) must
doit (he, she) must
doivent (they) must
les devoirs *(m.)* homework
un directeur, une directrice director
discuter to discuss
disparaître to disappear
 disparaissent disappear
 disparaît disappears
une distraction leisure activity
un docteur doctor
un document document
le doigt finger
dominer to dominate; to control
donner un coup de coude (à quelqu'un) to elbow (somebody)
donner son opinion/son avis to give one's opinion/mind
dont including; whose; of which
le doublage dubbing (of a movie)
doux (douce) gentle
le dribble dribble
dribbler to dribble
durer to last

échanger to exchange
échapper to escape
les échecs chess
l' économie *(f.)* economy
économiser to save
écouter to listen (to)
les écouteurs *(m.)* headphones
l' écran screen
l' éducation *(f.)* **physique** physical education
égaliser to make even
s' élargir to broaden
l' électronique *(f.)* electronics
l' éléphant *(m.)* elephant
l' élève *(m./f.)* student
(bien) élevé(e) well-mannered
(mal) élevé(e) bad-mannered

s' embrasser to kiss
s' empêcher (de) to keep oneself (from)
l' emploi du temps *(f.)* schedule
emprunter (de) to borrow (from)
encore still
endormi(e) asleep
un endroit place
les enfants children
les enfants adoptifs adoptive children
ennuyeux (ennuyeuse) boring
une enquête survey
enregistrer to record
entourer to circle
 entouré(e) surrounded
s' entraîner to train
entre between
envoyer to send
épeler to spell
l' épice *(f.)* spice
éplucher to peel
une épreuve test; trial
une équipe team
l' espagnol Spanish
les espèces *(f.)* species
essayer to try
était was (imp. of **être**)
un état state
l' été *(m.)* summer
s' étirer to stretch
 s'étirant stretching
une étoile star
étranger (étrangère) foreign
être d'accord to agree
 ne pas être d'accord to disagree
être de retour to be back
être sûr(e) to be sure
étudier to study
exagérer to exaggerate; to overstep the limits; to "go too far"
s' exclamer to exclaim
à l'exemple de based on the example of
exister to exist

F

fabriquer to make; to manufacture
fâché(e) angry
faire to make; to do
  faire des compliments (à quelqu'un) to compliment (somebody)
  faire confiance (à quelqu'un) to trust (somebody)
  faire connaisance to get acquainted
  faire partie (de) to belong (to)
  faire le réveillon to bring in the New Year; to celebrate the New Year
  faire semblant to pretend
  en fait in fact
la **famille** family
une **fanfare** marching band
farci stuffed
le **fard à paupières** eyeshadow
la **farine** flour
la **faute** foul; error; mistake
faux (fausse) false
un **faux-ami** false cognate
la **femme** wife; woman
le **fer** iron
le **féroce** typical dish from Martinique with fish and hot spices
une **fête** festival
une **feuille** leaf
fier (fière) proud
un(e) **figurant(e)** film extra
la **fille** daughter
la **fille adoptive** adoptive daughter
filmer to film
le **fils** son
le **fils adoptif** adoptive son
le **flipper** pinball machine
fois times
le **football (le foot)** soccer

le **football américain** American football
en **forme de** in the shape of
fort(e) strong
fou (folle) mad; crazy
le **four** oven
le **four à micro-ondes** microwave oven
la **fraise** strawberry
le **français** French
francophone French-speaking
frapper to knock
le **frère** brother
frit(e) fried
le **fromage de chèvre** goat cheese
frustrant frustrating
furieux (furieuse) furious
une **fusée** rocket

G

gagner to win
garder to keep
gaspiller to waste
  ne gaspillez pas don't waste
la **gazelle** gazelle
généreux (généreuse) generous
le **générique** credits (of a movie)
un **genre** style
les **gens** (m. pl.) people
gentil (gentille) kind
la **géographie** geography
la **girafe** giraffe
une **glose** gloss
le **golf** golf
le **gorille** gorilla
le **gouvernement** government
la **goyave** guava
grandir to grow up
la **grand-mère** grandmother
le **grand-père** grandfather
les **grands-parents** grandparents
un(e) **graphist(e)** graphic artist

gratuitement free; for free
grec (grecque) Greek
la **grille** grid
grimper to climb
le **gros lot** jackpot
le **gros plan** close-up
Grosses bises kisses (at the end of a letter)
le **guépard** cheetah
la **guerre** war
la **gueule** mouth (of an animal)
une **guitare électrique** electric guitar
la **gymnastique** gymnastics

H

habile crafty
un(e) **habitant(e)** inhabitant, occupant
l' **habitation** (f.) habitation
habiter to live
les **haricots verts** (m.) green beans
le **hasard** chance; luck
de **haut** high
une **herbe** straw
hésiter to hesitate
heureux (heureuse) happy
l' **hippopotame** (m.) hippopotamus
l' **histoire** (f.) history
le **hit-parade** charts (top ten)
le **H.L.M. (Habitation à Loyer Modéré)** low rent apartment building
le **hockey sur glace** ice hockey
honnête honest
la **honte** shame
l' **huile** (f.) oil

I

l' **idéal** (m.) aspiration; goal
une **igname** Indian potato

une **île** island
immédiatement immediately
un **immeuble** apartment building
impatient(e) impatient
impoli(e) impolite
n' **importe qui** anybody
imprimer to print
indulgent(e) indulgent; lenient
l' **informatique** *(f.)* computer science
injurier to insult
insister pour que to insist that
intelligent(e) smart
intimidé(e) intimidated
inventer to invent
un **inventeur, une inventrice** inventor
l' **invention** *(f.)* invention
inversé(e) reversed
l' **invitation** *(f.)* invitation
un(e) **invité(e)** guest
inviter to invite
irréprochable faultless

jamais: ne...jamais never
je n'ai jamais I never
le **jambalaya** Cajun stew containing rice, ham, sausage, chicken, shrimp, oysters, and herbs
le **jazz** jazz
jeter to throw (away)
un **jeu (des jeux)** game
un jeu d'arcade arcade game
un jeu de hasard game of chance
un jeu de rôles role play
un jeu de société board game
un jeu vidéo video game
joindre to reach
la **joue** cheek
jouer to play
jouer à (+ sport) to play (a sport)
jouer de (+ instrument de

musique) to play (a musical instrument)
un **joueur, une joueuse** player
le **journalisme** journalism
la **journée** day
jusqu'à ce que until

le **kiwi** kiwi (fruit)

le **laboureur** ploughman
laid(e) ugly
laisser to leave
le **lambi** large shellfish from Martinique
lancer (les dés) to roll (the dice)
une **langue** language
laquelle which *(f.)*
le **latin** Latin
la **leçon** lesson
la **lecture** reading
le **lecteur de CD** CD player
un **légume** vegetable
lentement slowly
les **lentilles** *(f.)* lentils
le **léopard** leopard
lequel which *(m.)*
lesquels which ones *(m. pl.)*
lesquelles which ones *(f. pl.)*
la **liane** vine
le **Liban** Lebanon
la **librairie** bookstore
un **lieu** place
au lieu de instead of
lire to read
le **litchi** litchi (small, red, Chinese fruit)
la **loi** law
au **loin** in the distance
un **loisir** leisure activity, hobby

la **longueur** length
la **loterie** lottery
le **loto** lotto
louer to rent
la **lune** moon
le **lycée** high school

M

le **magnétoscope** VCR
le **maïs** corn
mal élevé(e) bad-mannered
malhonnête dishonest
la **malice** mischief
la **manette** joystick
manger to eat
la **mangue** mango
manquer to miss
un **maquilleur, une maquilleuse** make-up artist
le **marché** market
marcher to walk; to work (a machine)
marquer (un panier) to score (a basket)
marron brown
le **matériel** equipment
les **mathématiques** mathematics
une **matière** subject
les **matoutous** typical dish from Martinique with stuffed crab
mauvais(e) wrong
la **mécanique** mechanical engineering
méchant(e) mean; naughty
meilleur(e) better; best
mélanger to mix
mêler to mix
la **mélodie** melody
la **mère** mother
la **mère adoptive** adoptive mother
la **montagne** mountain
même even; same
les **mêmes** same
menacé(e) (de disparition) threatened (with extinction)

le **mieux** the best

le **mixeur** blender

modeste modest

moi-même myself

le **monde** world

le **Monopoly** Monopoly®

monter to raise; to get in

se **moquer (de)** to make fun of

moqueur (moqueuse) mocking

mort dead

  il est mort he died

Moteur! Action!

le **mots croisés** crossword puzzle

le **Moyen Âge** Middle Ages

le **museau** snout

un **mammifère** mammal

un **métier** job, work

un **métier (de l'audiovisuel)** career (in film and radio)

un **milliard** billion

un **mouchoir** handkerchief

les **moustaches** (f. pl.) whiskers

moyen(ne) average

les **moyens** means

la **musique** musique

la **musique classique** classical music

la **musique folklorique** folk music

nager to swim

la **naissance** birth

la **natation** swimming

ne…jamais never

ne…plus no longer; not anymore

la **nièce** niece

la **noix de coco** coconut

la **nourriture** food

la **nurse** nanny

le **neveu** nephew

le **nord** north

le **numéro** number

O

obéir (à quelqu'un) to obey (someone)

obéissant(e) obedient

un **objet** object

l' **obstruction** (f.) obstruction

occupez-vous bien take good care

les **oeufs** (m.) eggs

les **oeufs brouillés** scrambled eggs

l' **okoumé** (m.) tree from Gabon

l' **ombre** (f.) shadow

l' **oncle** (m.) uncle

un **ordinateur** computer

l' **oreille** (f.) ear

un **organigramme** flowchart

un **organisateur, une organisatrice** organizer

l' **organisation** (f.) organization

organiser to organize

les **orteils** (m.) toes

P

la **pagaie** paddle

pagayer to paddle

la **paix** peace

un **palet** puck

pâlir to become pale

le **panier** basket (hoop)

le **panneau** board

la **panthère** panther

la **papaye** papaya

le **papier aluminium** aluminum foil

parcourir to scan

les **parents** parents

les **parents adoptifs** adoptive parents

paresseux (paresseuse) lazy

parfait(e) perfect

parmi among

les **paroles** lyrics; words

un **parolier, une parolière** lyricist; songwriter

partager to share

un(e) **passant(e)** passerby

la **passe** pass

passer to pass

  passer à la télé is on t.v

  se passer de to do without

la **patate douce** sweet potato

les **pâtes** (f.) pasta

patient(e) patient

le **patinage artistique** figure skating

patiner to skate

le **patron** boss

la **patte** leg; paw

un **pays** country

la **peau** skin

la **pêche** peach

pêcher to fish

un **peintre** painter

peler to peel

la **pénalité** penalty

penser to think

perdre to lose

le **père** father

le **père adoptif** adoptive father

permettre to allow; to permit

une **personne** (f.) person (male or female)

la **pétanque** a game played on sand whose goal is to throw an iron ball closest to the *cochonnet* (a small wooden ball)

un **pétard** firecracker

la **petite-fille** granddaughter

le **petit-fils** grandson

les **petits-enfants** grandchildren

les **petits pois** (m.) peas

peut-être perhaps

un(e) **photographe** photographer

photographier to take pictures

la **physique** physics

un **piano** piano

le **Pictionary** Pictionary®

une **pièce** coin; play (theatre); room

une **pierre** stone

le **pion** piece; pawn
le **pique** spade
la **pirogue** dugout canoe
la **plage** beach
la **plaque à four** baking sheet
le **plat** dish
le **plat à four** baking dish
le **plateau** set (of a movie)
plein(e) full
pleurer to cry
la **plume** feather
le/la **plus** (+ adjectif) the most . . .
plutôt que rather than
le **poignet** wrist
le **poil** fur
le **point** point
la **poire** pear
le **poivre** pepper
poli(e) polite
la **pomme** apple
la **pomme de terre** potato
le **pop** pop (music)
le **porc** pork
un **portefeuille** wallet
le **porte-parole** spokesperson
un **pouce** inch; thumb
le **poulet** chicken
une **poupée** doll
le **pour et le contre** the pros
and cons
pousser to push; to grow
pouvoir to be able to; can
pourrez you will be able to
pourrons we will be able to
préférer to prefer
premier (première) first
la **première** first; equiv. to
11th grade
la **première fois** the first time
prendre to take
prendre en considération
to take into consideration
préparer to prepare
un **présentateur,**
une présentatrice
anchorperson
présenter to introduce

presque nearly
prêter to lend; to loan
le **prix Nobel de la paix**
Nobel Peace Prize
le **prochain** next
un **producteur, une productrice**
producer
le **professeur** teacher
une **profession** profession
profiter (de) to take
advantage (of)
un **projet** plan
protéger to protect
le **proviseur** principal
la **prune** plum
un(e) **publicitaire** advertiser

Q

quatrième fourth; equiv. to
8th grade
quel(le) which
la **queue** tail
ne quittez pas please hold
le **quotidien** daily life

R

raconter to tell
un **raconteur** storyteller
le **ragoût** stew
le **raisin** grape
ramasser to pick up
le **rap** rap (music)
rappeler to call back; to remind
ça lui rappelle (de)
that reminds him/her (of)
un **réalisateur, une réalisatrice**
director
à la recherche des hunt for
récolter to reap
la **récompense** reward
en reconnaissance de in
gratitude for

reconnaître to recognize
le **regard** look
regarder to watch; to look at
le **reggae** reggae
se **remarier** to remarry
s'est remarié(e) remarried
remercier to thank
remettre to put back
un(e) **remplaçant(e)** substitute
remplir to fill; to refill
rencontrer to meet
rencontrez meet
rendre to return (something);
to make
des **renseignements** (m. pl.)
information
se **renseigner** to find out about
repartir to go back
un **repas** meal
répéter to repeat
se répéter to repeat
oneself, itself
le **répondeur** answering machine
la **résolution du nouvel an**
New Year's resolution
résoudre to resolve; to solve
respirer to breathe
un **restaurant** restaurant
rester to stay
un **rêve** dream
rêver to dream
le **rhinocéros** rhinoceros
la **rime** rhyme
rire to laugh
le **riz** rice
le **robot ménager** food processor
le **rock** rock (music)
le **roi** king
les **rollers** rollerblades
rougir to blush
un **ruban** ribbon
rugir to roar
rusé(e) cunning
le **russe** Russian
le **rythme** rhythm

S

le **sac (en plastique)** (plastic) bag
sage wise; sensible; good
les **Sages** Wise Men
sain et sauf safe and sound
la **Saint-Sylvestre** New Year's Eve
la **salle** room
   la salle de classe classroom
   la salle de sport gymnasium
le **sang** blood
sans permission without
   permission
satisfait(e) satisfied
la **saucisse** sausage
saupoudrer to sprinkle
sauver to save
savoir to know (information,
   facts)
le **savoir** knowledge
savoir jouer to act
un(e) **scénariste** scriptwriter
la **science** science
la **science sociale** social science
le **score** score
le **Scrabble®** Scrabble
la **sculpture** sculpture
sec (sèche) dry
seconde equiv. to 10th grade
secouer to shake
   secouant shaking
   Au secours! Help!
le **sel** salt
selon according to
sembler seem
semer to sow
sera will be (fut. of **être**)
   serez will be (fut. of **être**)
une **série** television series
seul(e) alone
le **simulateur de vol** flight
   simulator
le **singe** monkey
sixième sixth; equiv. to
   6th grade

le **ski alpin** downhill skiing
skier to ski
le **smoking** tuxedo
une **société** society
la **soeur** sister
le **soleil** sun
un **sondage** poll
sonner to ring
une **sorcière** witch
sortir to be released; to go out;
   to leave
soudain suddenly
souhaiter la bonne
   année à quelqu'un to wish
   somebody a happy New Year
soumettre to submit
la **souris** mouse
sous-titrée(e) subtitled
les **sous-titres** (m.) subtitles
se **souvenir (de)** to remember
spatial(e) space
un **sport** sport
le **stage** training course
le **standing** social status
stupide stupid
le **sucre** sugar
le **sud** south
la **Suisse** Switzerland
suivant(e) following
un **sujet** subject
supérieur superior
surfer (sur l'Internet) to surf
   (the Internet)
le **surnom** nickname
surnommer to nickname
sympathique friendly; nice

T

une **tache** spot
   tacheté(e) spotted
la **taille** height
   taillé(e) carved
la **tante** aunt
taper to type

la **tasse** cup
la **technologie** technology
téléphoner to phone
la **télévision** television
le **temps** weather; time
de **temps en temps** from time
   to time
le **tennis** tennis
la **terminale** final; equiv. to
   12th grade
le **terrain** court
la **Terre** Earth
tirer to pull
un **titre** title; headlines
toujours still; always
tourner to shoot
tous, tout, toute, toutes
   everyone; all
   tout seul by himself
trafiquer to tamper;
   to deal illegally
un **trait d'union** hyphen
un **travail** labor; work
travailler to work
le **travailleur** worker; laborer
   travailleur (travailleuse)
   hard-working
traverser to cross
le **trèfle** club (cards)
triste sad
troisième third; equiv. to
   9th grade
la **trompe** trunk
se **tromper** to make a mistake
trop même! even too much!
un **trou** hole
trouver to find
le **tube** hit (music)

U

urbain(e) urban
un **ustensile** utensil

la **Vache qui rit** Laughing Cow
(brand of cheese)

le **valet** jack

vaniteux (vaniteuse) vain

le **vapeur** steam

le **veau** veal

vendre to sell

vendu(e) sold

verser to pour

se **vexer** to be hurt (by)

la **viande** meat

le **vidéo-clip** music video

la **vie** life

la **vie sauvage** wildlife

la **vitesse** speed

vivre to live

le **voilà parti!** there he went!

la **voile** sail; sailing

voir to see

voit sees

voyant seeing

vu seen

la **voix** voice

le **vol** flight

voler to fly

Au voleur! Stop thief!

volontaire strong-willed

le **voyage** journey

vrai(e) true

c'est vrai it's true

le **yaourt (nature)** (plain) yogurt

le **zèbre** zebra

le **zèbre de montagne**
mountain zebra

CREDITS

PHOTOGRAPHY CREDITS

i Henebry Photography; **iii-1** Henebry Photography; **2** Michael Heron; **3** *(tl, cr)* Owen Franken; *(tr)* Patrick Pipard; *(bl)* Henebry Photography; *(br)* Adine Sagalyn; **4** Michael Heron; **6** *(c)* Owen Franken; *(cr, br)* Michael Heron; **7** *(both)* Henebry Photography; **9-10** Tom Craig; **13** St. Francis at Prayer by Hector Hyppolite/Courtesy PanAmerican Gallery; **14-15** Tom Craig; **16** Palmer-Brilliant; **17** Tom Craig; **20** *(b)* Max & Bea Hunn/DDB Stock Photo; **20** *(+)* Owen Franken; **21** *(l)* Tom Craig; *(r)* Ken O'Donoghue; **23** *(both)* Owen Franken; **24** *(tr)* Adine Sagalyn; *(cr)* Palmer-Brilliant; *(br)* Tom Craig; **27** *(cr)* Sipa Press; **29** *(tl)* Peter Turnley/Black Star; *(br)* Sovfoto/Eastfoto; **33** Michel Gotin; **34** *(c)* Peter Menzel; *(bl)* Tom Craig; *(cr)* Henebry Photography; *(br)* Owen Franken; *(gameboard)* Ken O'Donoghue; **35** *(cl)* Tom Craig; *(c)* PhotoDisc, Inc.; *(tr, bl)* Owen Franken; *(bc)* Adine Sagalyn; *(br)* Andrew Brilliant; **36** *(gameboard)* Ken O'Donoghue; **39** Owen Franken; **40** Adine Sagalyn; **41** Tom Craig; **42** *(t, br)* Owen Franken; *(bl)* Tom Craig; *(cr)* Patrick Pipard; **44** Yves Levy; **45** Michael Heron; **46** *(tr)* Tom Craig; *(cr)* Palmer-Brilliant; *(br)* Adine Sagalyn; **47** School Division, Houghton Mifflin Company; **48** *(t)* Owen Franken; *(bl, br)* Ken O'Donoghue; **49** *(l)* Babar à New York courtesy of Hachette Livre; *(tr)* Bob Thomas/Tony Stone Images, Inc.; *(c)* Abron Claude/Liaison International; *(cr)* School Division, Houghton Mifflin Company; *(br)* Ken O'Donoghue; **50** *(tl, bc)* Ken O'Donoghue; *(cr)* School Division, Houghton Mifflin Company; *(bl)* Babar à New York courtesy of Hachette Livre; *(br)* Abron Claude/Liaison International; **51** Ken O'Donoghue; **53** *(t)* Adine Sagalyn; *(b)* Owen Franken; **55** Babar à New York courtesy of Hachette Livre; **56** Henebry Photography; **57** *(tl)* Tom Craig; *(cl, bl)* Owen Franken; *(tr)* Jose Hernandez-Claire; **58** Owen Franken; **59** *(tr)* Owen Franken; *(cr)* Henebry Photography; *(br)* School Division, Houghton Mifflin Company; **60** Michael Heron; **61-62** Owen Franken; **63** *(cr)* Owen Franken; *(br)* School Division, Houghton Mifflin Company; **64** *(+)* Owen Franken; **67** J. Charles; **68** *(t)* Michael Heron; *(b)* Palmer-Brilliant; **70** Owen Franken; **71** School Division, Houghton Mifflin Company; **72-73** Patrick Pipard; **81** Andrew Brilliant; **82-84** Toussaint/Sipa Press; **86** *(t)* Toussaint/Sipa Press; *(b)* Jed Jacobsohn/Allsport; **89** *(c)* Alexis Duclos/Liaison International; *(br)* Tom Craig; **90** Otto Creule/Allsport; **91-92** PhotoDisc, Inc.; **96** Yves Levy; **97** Tony Duffy/NBC/Allsport; **99** *(t)* Trustar/Alexis Durand-Brault; *(b)* Courtesy of Camille Desmarais; **100** Courtesy of Camille Desmarais; **101** Trustar/Alexis Durand-Brault; **105** Roger Viollet/Archive Photos; **106-114** School Division, Houghton Mifflin Company; **114** *(t)* The Stock Market; *(c)* M. Denis/Liaison International; *(cr)* Vince Streano/The Stock Market; **117** Archive Photos; **120-125** (all artwork photographed by Ken O'Donoghue) Haitian painting by P. René; **122** metal frame by Renoit; **123-125** Haitian artists unknown; **127** Owen Franken; **131** *(l)* Adine Sagalyn; *(r)* Owen Franken.

ILLUSTRATION CREDITS

Jean-Louis Besson **11, 25,** *(tl)* **26, 40-42, 65-66, 73-75, 80**
Neverne Covington **107-112**
Véronique Deiss **2-4, 30, 32, 103**
Ruth Flanigan **12, 16-18,** *(b)* **26, 69,** *(tl, blc)* **94, 129**
Handbook of Pictorial Symbols by Rudolf Modley, published by Dover Publications, Inc. **94**
Ellen Korey-Lie **49-51, 76, 99-101**